U0154472

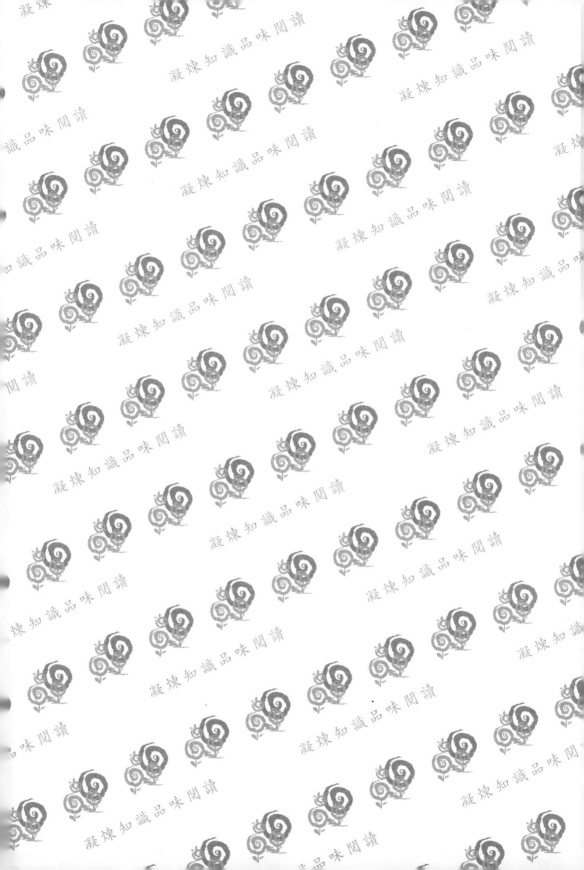

經典社會學三雄：涂爾幹、馬克思和韋伯

韋伯雙眼炯炯有光透露智慧

中年韋伯

韋伯漫畫像

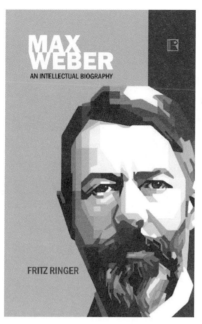

林額著：知識人韋伯傳記

青少年時代的韋伯

瑪麗安妮・施尼特格爾成爲後來的韋伯夫人

瑪麗安妮與瑪克士結爲夫妻

韋伯母產大廈成爲1920年代海德堡學者文人聚談歡慶的勝地

1970年代英美流行韋伯學風

亂筆下的壯年韋伯肖像

這張彩畫的人物像韋伯本人嗎？

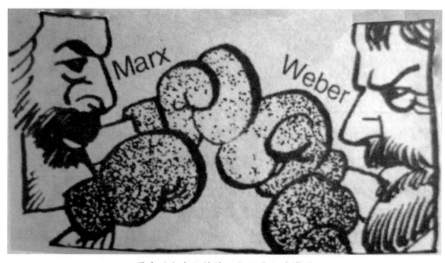

馬克思和韋伯精神上和知識上的搏鬥

本書作者曾在1999年由揚智出
版社發表此一涉及兩雄知識上
爭鬥的專書,請參考

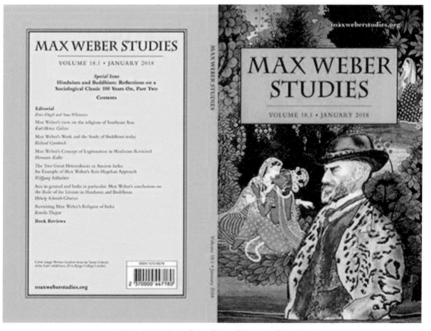

倫敦居然創辦和發行英文《韋伯研究》專刊

中年的韋伯神采飛揚

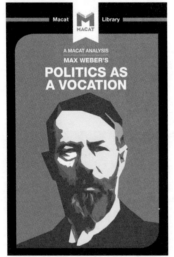

Macat Library

A MACAT ANALYSIS
MAX WEBER'S
POLITICS AS
A VOCATION

韋伯著名的演講〈以政治為志業〉

韋伯彩樣人生

韋伯法政思想的評析

Max Weber's Conception of Politics, Law and the State.

陽明交大終身講座教授 洪鎌德·著

五南圖書出版公司 印行

序

　　這本新著《韋伯法政思想的評析》係圍繞韋伯國家觀而展開的論述。此書撰述的緣起，爲香港中文大學中國文化研究所張志偉教授的邀稿，要我爲他主編的《21世紀評論》撰述一篇紀念韋伯百年忌辰的文章，特向張教授致敬與申謝。剛好我在2020年的新學期在交大通識教育中心開講「韋伯挑戰馬克思」一新課，遂欣然答應，成爲該刊179期紀念專刊首篇：〈韋伯國家觀的析評〉。一年來，除前幾個月忙於閱讀和整頓韋伯的理念之外，其餘時間則勤讀他有關國家社會學、政治哲學、政治社會學、法理學、法律社會學和合理性以及理性化等專題，也就在這種邊讀邊寫之下，終於完成了全書各章。又第一章曾在《台灣國際研究季刊》第16卷第4期（123-148頁）2020年冬季號刊出，特向施正鋒與郭秋慶兩位教授的指正深致感激之忱。其間還把投稿台灣《蘋果日報》（2020/6/13）和新加坡《早報》（2020/6/20）的四篇，加上近日撰寫的一文，形成本書的附錄。

　　近年來發現年事漸高，思考和眼力不斷減弱，因而不免驚覺老之已至，無法再逞強。在這種惘然無助下，雖想把本書再擴大兩三章，包括把韋伯的歷史觀和歷史社會學、經濟思想和經濟社會學，甚至音樂社會學等等。這些願望只能仿效我年輕的友人謝宏仁教授的做法。原來他在出版《社會學囧很大》之後，在幾年間連續推出2.0和3.0版的新書。每版都有嶄新的主題和與前不同的內容，這是令讀者很感興趣之處，這也是我東施效顰的緣故。總的來說，他這三卷作品係對韋伯及其台灣擁護者和詮釋者不遺餘力的批判，其中是非曲直有待論斷。只是我不免擔憂：他的4.0版可能會對本書發難也說不定。

　　協助本書得以順利出版的友人有幾位。其中尤以楊承瀚博士的勤搜和提供英文資料最令人感謝，張書榜的鼓舞也很有作用，奧地利好友Dr. Feliks Bister兩度航寄有關韋伯傳記的最新（2020）版本。此外，德國佛萊堡大學昔日同窗兼摯友的Rainer Mangei與其長公子Dr. Johannes Mangei寄送有關德文書籍，感人至深。

　　一如往常，五南副總編輯劉靜芬小姐的宏謀擘劃，和執編呂伊眞小姐的繽

密校對，以及封面設計師王麗娟小姐的巧心慧思，使本書生色不少，在此敬致十二萬分的謝忱。最後，也是最重要的是結婚已屆55年的老伴蘇淑玉女士的犧牲貢獻和愛心滿貫，每日準備營養和可口的三餐，以食療的方式，讓我享有晚境安適與身心康泰。她是上蒼賜給我此生的至寶，我應珍惜她、感激她，更應感謝萬物之主的恩賜。

洪鎌德　序於
新竹市十八尖山西麓小舍
2020/12/12

目　錄

兩張韋伯的描繪

德國現代史（1880-1920）中
韋伯政治觀之演變

第一章　德國現代史（1880-1920）中
　　　　韋伯政治觀之演變

一、前言

二、青年韋伯的政治觀點之演展

三、後半生的韋伯政治思想之演變

四、韋伯對資本主義的詮釋

五、韋伯與社會主義

六、韋伯論民主

七、結論

一、前言

2020年6月14日爲當代德國最爲卓越、影響遍及全球的哲人和社會科學家之瑪克士・韋伯（Max Weber, 1864-1920）一百週年忌辰。在舉世爲新冠肺炎肆虐而疲於抗疫之餘，歐美學術界和文化界都不忘舉辦研討會、座談會、演講會等集會方式，或撰文結集等出版方式來紀念這位人文和社會學界的大師。儘管他只活了短短五十六個年頭，他在歷史學、文化人類學、法學（憲法、法律哲學）、法律社會學、政治學（國家學、行政學、國際政治學）、政治經濟學、社會學、社會心理學、宗教社會學、文化學都有大量和精湛的著述留給後世。他被尊爲現代社會學三大奠基者之一，另二位爲馬克思和涂爾幹。

本章主旨在討論韋伯的政治觀。如有所貢獻是因爲華文世界至今只對韋伯的認識論和方法學有過討論，對其析述資本主義有所介紹，對其強調正當性和合法性以及官僚科層制有所評析，而獨缺檢討他的政治言行和思維，尤其把他大學時代之後四十年的政治思想做一簡述，乃爲筆者向他博學愼思敬意的表示。

韋伯出身政治世家，其父擔任過市長（Erfurt）、市政參議（Berlin）和國會議員（第二帝國），對一家八個（兩位早夭）兒女之長男的瑪克士刻意栽培，以繼承其志業。這是韋伯終身熱衷和積極參與現實政治的基因。他先後在海德堡、史特拉斯堡和柏林大學就讀，專攻歷史、法律、經濟、政治，亦即綜合性、廣義的國家學說（Staatswissenschaften）。學生時代加入團體活動喝酒、比武、胡鬧在所難免，是傳統德國大學生的習俗。他遲至逝世前一年半才退出學生會組織，認爲德國學生團體（Verbindung）有「精神的亂倫」（geistige Inzucht）之嫌。因爲出身布爾喬亞市民階級的家族，所以自小便傾向發揮德國民族精神和提升德意志文化的國族主義，某種程度上接近文化帝國主義。加上其父曾爲國家自由黨領導者之一，此外學習過程中一度嚮往英國議會民主，因此，他的政治光譜屬於自由派「偏左」的開明人士。晚年被國家民主黨提名國會議員，竟遭同黨人士排斥，無法效法其先父進入國會議政。之所以說他思想偏左，乃是由於他雖然批評社會主義和馬克思主義，但對德國社會民主黨人和工團主義者時有接觸和鼓勵的緣故。

The Webers ca. 1888 (Max Jr. on the right)

韋伯全家照，在其父左邊坐者為瑪克士，拍照
年代為1888年
引用自Kaube, Joachim, *Max Weber: Ein Leben
zwischen den Epochen*, S. 256a

二、青年韋伯的政治觀點之演展

　　馬克思青年時代發展了獨特的思想體系，也就是異化論，而有別於壯年
的階級剝削論，遂被後人稱為他擁有兩個馬克思主義（洪鎌德，2018：208-
209）。相比之下，青年韋伯的政治觀點，剛剛起步醞釀，還談不上形塑體
系。不過由於自小及長耳濡目染父親同國家自由黨領導人和國會其他政黨
負責人，乃至政府高官及學界大儒（如W. Dilthey. H. von Treitschike）。不
但現實政治，就是一般政治成為他的最愛，最終成為他的「志業」（Beruf;
Berufung）。韋伯選擇從政，或是從事科學工作都是像馬丁‧路德所宣示的
Beruf, Berufung（英譯為calling, vocation, profession），亦即上帝的召喚，我們
則譯為「志業」。無論是召喚，還是職業、志業，在在說明這些專業的源頭對
韋伯而言，與宗教有關，這也是他何以在熱衷政治、法學、經濟和歷史之外，
對世界各種宗教產生研究析述的因由。
　　年屆十八歲的青年韋伯離開父母進入海德堡大學選修羅馬法、經濟學史、
17世紀與18世紀歐洲史、聽大史學家蘭克（Leopold von Ranke, 1795-1886）的
日耳曼諸族史，不過這些選課對他的政治想法影響不大。真正啟發他政治意識

的是其姨丈，也是一位史學家鮑姆加田（Hermann Baumgarten, 1825-1893），和老韋伯隸屬不同派系的自由主義者。

青年韋伯在位於史特拉斯堡的史學家之住宅居留數年，不僅與姨丈大談當時政局（Kaube, 2020: 55-62），愛上表妹愛眉（Emmy），但戀愛未有結果（Radkau, 2014: 39）。曾從事新聞業的姨丈為1848年歐洲各地爆發革命的支持者、歡呼者，革命失敗後轉而變成史學家。

1893年韋伯與遠親瑪麗安妮‧施尼特格爾（Marianne Schnitger, 1870-1954）結婚，其後來也成為了一名女性主義者和作家，曾經撰寫第一本韋伯的傳記（Weber, Marianne, 2009），並編集韋伯的手稿，如《經濟與社會》等巨著。

青年韋伯一方面受到其父保守的自由主義之形塑，一方面又迎接其姨丈開明的、進步的自由派理想，可以說年紀輕輕便成為國族自由主義者（National-Liberaler）。其父對俾斯麥由反對到支持的搖擺立場導致反對派的左翼自由黨人之抨擊。雖然企圖獲取當權者青睞，有時也會發發牢騷，指摘鐵血宰相將其身邊的愕愕之士消滅殆盡。這種說法成為韋伯後來給予俾斯麥的評斷。但其父這種逍遙自得，貪圖逸樂的布爾喬亞劣根性（Weber, Marianne, 2009: 57），卻也是導致父子失和的原因之一。

韋伯並不完全接受鮑姆加田灰暗色帶有悲觀的時局看法，而是在與姨丈爭論中培養出冷靜、客觀和獨立的判斷（Mommsen, 1974: 7）。姨丈的啓誨是把這個好學深思的姪兒從其父親狹隘的國族觀解放出來，使年輕人看透俾斯麥體系的內在虛弱。此外，姨丈傳給他的是政治之核心在推出才能出眾的領導人和培養公民判斷公務是非的能力（Mommsen, 1974: 12）。姨丈的論敵為鼓吹國族主義的大史學家特萊奇克（Heinrich von Treitschike, 1834-1896），此君對俾斯麥統一全國功勞大為讚賞，其聽課學生也受鼓舞成為首相的信徒。青年韋伯對其同窗的英雄崇拜大不以為然，常加辯駁。他指摘特萊奇克學術客觀的不足。但在柏林大學這位深思熟慮的大學生卻上了史學家兩門研究生課，特別是「政治學」，而把其中的菁華加以吸收，這包括權力的概念、民族國家的活動足以提升到政治行為的規範、小邦國存在之預測等。韋伯著名的佛萊堡大學就職演講（1895.5.13），主張第二帝國應成為世界列強之一，這種霸權思想源之於特萊奇克海外擴張說。在柏林大學學習年代的後期，韋伯少上講課、多自修，選讀的課程多涉及經濟和歷史，為其博士論文〈中世紀商社史〉做好準備，較少接觸政治理論。

夫婦暢遊義大利

引自Radkau, Joachim, *Max Weber: A Biography*, p. 124

撰寫韋伯一生傳紀的夫人

引自Kaube, J., *Max Weber: Ein Leben zwischen Epochen*, S. 256d

學生年代的韋伯

引自*Kaube, Joachim, Max Weber: Ein Leben zwischen den Epochen*, S. 256 c

在這段學生年代，青年韋伯已養成對政局有獨立判斷的能力。這表現在他反對俾斯麥的社會黨人立法之態度上，蓋此法嚴重傷害「人人在法律之前完全平等」之自由主義的原則。這種反對態度連其父和姨丈都無法趕及，因為他們欠缺正義感而視這一惡法仍舊是法，乃為必要之惡。

青年韋伯的後期為1870年代與1880年代，也是德國國家自由黨走向分裂與衰微的時期，他與其父親和姨丈屬於自由主義左派，除了重視個人的生命、財產和自由的保障之外，也關懷底層民眾的福祉。1887年他加入年輕政治經濟學家所組成的團體，亦即「社會政策協會」，這個協會被貼上「講壇社會主

義」（Kathedersozialismus）的標籤，他的入會可謂政治意識途上由右轉左的開端，也就是要求政府不再只關懷經濟隨市場的供需而自由運轉；反之，國家應介入平民的經濟生活，有助於民眾公平的追求。在此一時期他積極參加宣揚這一講壇社會主義的組織活動（Mommsen, 1974: 17）。因爲在社會政策協會的資助下，青年韋伯有機會從事經驗性的實地調查工作，亦即易北河東岸農民身分的調查。其調查報告，建議該地的地主（普魯士的封侯Junker）應放棄雇用廉價的波蘭勞工。這種建議得罪了東普魯士的權貴，卻使年輕的韋伯一夕成名。

三、後半生的韋伯政治思想之演變

韋伯的後半生應從1891年獲取教授資格算起至1920年近三十個年頭。在這三十年間他在政治思想的領域碰觸到下列問題，資本主義和民族國家：國族權力國家的政治理想、當成德國未來美夢的帝國主義、第一次世界大戰之前德國內政的發展、外交政策和內部憲法爭論、捲入一戰的德國展示大國實力與破綻；國家戰敗與革命四起：威瑪憲法的起草和頒布等議題。

1. 長老制度、資本主義和民族國家

18世紀與19世紀上半葉的德國表面上爲神聖羅馬帝國德意志聯邦，卻是國土分裂，王國、公國、共和國、自由城市互爭雄長的地理名詞，而非以日耳曼民族和文化建立統一、自主、獨立的民族國家。這個仍處於封建體制之下、工業革命比起鄰國英、法、荷大爲落後的德意志民族盤據之中歐「帝國」，其政制式樣繁多，仍脫不掉長老制、家長制（Patricharismus）之框架。可是這種一家（群體、國家）之中經由傳統或世襲規則建立的單人統治卻在衰敗中。換言之，人治正邁向法治，資本主義利潤取向超越封建體制之下人情血緣關係。19世紀初圍繞德國鄰國大多成爲以種族、語言、文化、習俗相似而結合的獨立自主國家，韋伯稱之爲合乎理性的民族國家，他一度主張易北河以東毗鄰波蘭邊界、住有大批波蘭農民的東普魯士應當「日耳曼化」。這是1890年韋伯接受社會政策協會委託對易北河東岸農工社會調查的結果，成爲他對現代國家定調的

一部分（Anter, 2014: 67-70）。

2. 國族式的權力國家和大國夢想

　　國族式的權力國家或稱民族的權力國家（der nationale Machtstaat）是韋伯對第二帝國的期待，這可以從他在1895年5月中旬佛萊堡大學就職典禮上，題為〈民族國家和經濟政策〉（Weber, 2004: 1-27）的演講看出。他說經濟政策的科學就是政治學，它不在為權力者或統治階級日常處理的行政服務，而在保衛國族長期的利益（Weber, 2004: 14）。這不只顯示他學術生涯的開端，更鋪排他政治理想的綱目。其中以易北河東岸農民之調查談起，認為國民經濟就要討論德國作為一個國族（Nation）的經濟狀況，因此自認為「經濟國族主義者」。他說，一位德國經濟理論家的經濟價值設準必須是德意志的，這聽來和他之後所主張的學術工作應卻除價值完全衝突。要解除這種矛盾和衝突只能說，國民經濟學要排開富國裕民或追求公平正義的理想，而把最高價值擺在國族之上。這種追求權力國家的理想成為韋伯大國的美夢之一部分。另一部分則為精明領袖與遵守秩序有紀律的國民所組成的民族國家。

3. 歐戰前德國政局的發展

　　第一次世界大戰，也是一般所稱的歐戰之前，德國面對內政與外交發展路線相爭的問題。這反映在韋伯心目中則是本國擺脫封建體制走上工業化、城市化、鐵道運輸化和經濟起飛的現代化大道，以及海外殖民、擴充經濟地盤的政治現實的問題。當年東普魯士大地主與反資本主義的擁有小片土地的小農之聯合，無異為對抗工業化潮流之封建體制底起死回生，這是反動的思想和做法。這說明19世紀後半葉剛統一的德國分裂為東邊大地主階級所掌控的農業區和西邊以工商人士推動的現代化立國之工業區。對此分裂韋伯堅決反對保守派的主張，而站在現代化、工業化、資本主義式經濟政策推進的一方。他認為這樣才能與德國世界政治的外交目標相配稱（Weber, 1992: 31）。德國要像瑞士那樣靠農業自給自足和倚賴大地主的支撐是不可能的（Weber, 1971: 113）。韋伯認為國族的社會統一（soziale Einigung）之目標為保障工人自決的權利和教育工人負責盡職。但他反對社會主義的主張，認為社會主義者會從資本主義承接官僚制度，執行更為繁瑣嚴屬的規定，而限制人民的自由（Weber, 1976: 129）。

反之，在資本主義體制下，工人有上升改善生活之機會。

　　1890年代初韋伯結識發揚基督教慈悲精神，關懷底層勞工福利的牧師瑙曼（Friedrich Naumann, 1860-1919）。瑙曼於1919年創立接近SPD的左翼政黨，亦即德國民主黨（DDP），極力拉攏韋伯參與政治。由於瑙曼親近威廉二世，而遭受韋伯批評。他解釋大言炎炎、矛盾處處的牧師兼政治家之瑙曼之所以始終成爲他的好友和夥伴，是因爲在大學者心目中，政治和科學隸屬於不同的規則之緣故（Radkau, 2015: 338-339）。

4. 俾斯麥和威廉二世外交政策之失敗

鐵血宰相俾斯麥（1815-1996）　　　德皇威廉二世（1859-1941）
取材自Wikipedia人物介紹Otto von Bismarck和Kaiser Wilhelm II, the German Emperor

　　在1890年俾斯麥垮台之前，韋伯對鐵血宰相的批評，就是氣度狹隘無容人之量，不能被視爲大破大立的政治家，而是靠官僚系統施政的統治者。因爲政治家需具狂熱的本質和負責盡職的精神。俾斯麥外交政策只想在歐陸稱霸，而無意擴大海外殖民，此與韋伯期待的聯結英國成爲世界強權（Weltmacht）之理想相違。在1918年年底他表示，德國早應與英國取得諒解，求取合作，「這不僅基於單純政治的考量，更是由於共同文化的理由」（Weber, 1994: 489）。事實上，大部分當年的自由分子對鐵血宰相在1878年至1879年把他們逼到牆角一事非常氣憤，連韋伯之弟阿爾弗列特・韋伯（Alfred Weber, 1868-1958）在

1937年憶往時，仍埋怨不已（Radkau, 2015: 338-339）。令大學者難堪的不是首相的軍國主義和跋扈專斷，而是藉全民投票來摧毀人人平權，阻止社民黨發展勢力和扼殺自由主義的生機（Weber, Marianne, 1936: 53）。這也導致老韋伯在國會無法連任。韋伯認為俾斯麥的建艦政策在對付國內反對派聲浪，卻導致德國人仇恨英國的主因，而無法達到他德英聯合的願望。

依據韋伯的看法，威廉二世外交政策的失敗在於不得體的時局評析和炎炎大言的錯誤。在其統治後期德國外交圈活動的囂張，都是這位皇帝野心的表現。他指摘皇帝「個人的嚴管」（persönliche Regiment）危害了第二帝國內政與外交的存在（Mommsen, 974: 158-165）。

5. 憲法改革運動的推動

20世紀初歐洲局勢的發展，提高了韋伯對德國外交政策只重「皇朝威信」做法之疑慮。英俄有關中東和亞洲勢力範圍分割的協議，使歐洲均勢失衡。這不但削弱德國成為世界文化大國和列強之潛能，更威脅到它的安全。由於外交之失敗引發內政危機。1908年在大學者對皇上公開批評後，各方要求修改1871年帝國憲法的呼聲此起彼落。自由派公法學者耶林內克（Georg Jellinek, 1851-1911）雖然不敢主張仿照英國和比利時採用國會統治制，而讓皇上成為「影子元首」（虛君），卻在憲法第17條首相對國會負責的條款，補上執行規定，也就是國家大政交給首相擔當。對此草案韋伯提出修改意見，主要是涉及首相不信任所需國會240票和聯邦議會24票之建議。表示他對憲政改革關心和努力的一斑（Mommsen, 1974: 159-165）。

6. 韋伯與歐戰

歐戰的爆發並不令韋伯感覺意外，反而成為他檢驗德國作為世界強權之一的試金石。他認為只要德國文化在20世紀能夠在世界史上占一席地位，捲入歐戰將是無可避免。「我們理當成為一個權力國家，理當冒戰爭的危險，俾為未來世界決定過程有個發言的機會」（Weber, 1971: 176）。但這個被稱做第一次世界大戰的歐戰卻轉變成德國生存之戰，可讓大學者跌破眼鏡。一開始他認為災難式的外交會陷德國於戰爭邊緣。開戰之初的1914年夏，全國為求國家生存而展示了團結亢奮和準備犧牲的樣態令他動容，儘管他對當局的無能批評

之聲不斷，從頭至尾他仍堅信德國會從這場戰爭中贏下來，可見韋伯天生的國族主義的情愫導致他對戰局的樂觀期待，特別是當德軍在1915年5月越過舊波蘭而向東挺進之際。即便是1916年8月羅馬尼亞參戰，情勢對德國不利之際，他猶抱樂觀的幻想。其實，韋伯曾認爲中歐小國靠統一的德國之帶領而獲取安全與繁榮，亦即在其內政上各小國自主，在外交上依賴德國的指揮，不過他反對德奧合併。這是由於他早期在東普魯士農工調查中日耳曼化所取得的見解，擔心奧國倚賴農業導致生產落伍，拖累工業先進的德國。合併政策不僅針對奧地利，連比利時也一度成爲德國學界合併討論的目標，除了1,347名「知識分子」向皇帝陳情外，韋伯兄弟還高喊反對這項合併建議。但德軍還是征服了比利時。在1915年5月寄自布魯塞爾的信上指出「這個美麗的法國式城市怎能忍受德國統治的魅魍呢？」（Radkau, 2015: 460）。

7. 戰敗與和約

1917年至1918年德國軍部把其東線菁英部隊調往比、法西部戰線，準備一舉消滅英法協約國聯軍。這一企圖失利之後，加上美軍參戰導致德國境內社民黨（SPD）和激進而又獨立的SPD停戰、反戰之聲甚囂塵上。1918年10月基爾爆發革命，爲其後德境連環革命之始，碼頭工人的起義影響水手的騷動。次月社民黨執政的新政府向協約國聯軍要求停戰，此舉等於投降。由於700萬陸軍和水兵團結成保守力量遂阻止1918年至1919年德國的赤化（柏林和慕尼黑共黨革命）。

隨著德國的戰敗，韋伯促使本國如同英、法、俄、美躋身世界列強的美夢宣告粉碎。面對危機的加深，他建議德軍從比利時撤出占領，以及阿爾薩斯和洛林的割讓，這不是屈服於協約國需索，而是出於威爾遜的仲裁。他對軍隊的潰敗之擔憂，遠不如敗戰所造成的財政負擔之嚴重。巴伐利亞邦日漸增強的分離趨勢使他憂心，尤其隨後爆發的慕尼黑革命和建立的蘇維埃式委員會共和國（Münchner Räterepublik）令他沮喪。「革命只是犧牲無產階級的語言遊戲──其結果成爲國家之敵，也變成反動──而付出代價的卻是無產階級」（Weber, Marianne, 2009: 27）。有異於國會改革的開明，對戰敗帝國皇室的退位和君王制度的保留，顯示韋伯保守的心態（Mommsen, 1974: 312-313）。

作爲凡爾賽和約德國代表團員之一的韋伯，對代表團在和會上之表現相當不滿，原因是德方自覺啓動戰禍而有負荊請罪之表態。以這種謙卑自貶的身

段，求取敵方在和約上讓步，不符合敗戰的大國之風範。他認爲代表團應當爲德國討回尊嚴。面對割土、賠款、外國占領的威脅，韋伯只能呼籲群眾與學生採用革命的手段進行反抗。同時波蘭人占據但澤市激發韋伯民族主義和愛國精神，他大聲疾呼，爲收復失地所做的奮鬥才是眞正國族主義者的任務。凡爾賽和會對韋伯打擊很大，導致他決心退出政壇，重披學術舊袍，作爲晚年應景之生活方式。

8. 威瑪憲法的起草

1918年12月德國內政部成立一個新憲法研討委員會，邀韋伯加入討論制憲。他強烈主張德皇遜位後，帝國元首應當民選和國會有權質詢國政，這兩項可說是他晚年政治思想的核心（Radkau, 2015: 511）。他一再呼籲「未來帝國的首腦應當由國民直接選出──〔因爲他的權力建立在〕全體國民的意志之上」（Weber, 1994: 104）。

此外，他對英國議會制度中議員有質詢權大爲推崇，因爲人民賦予代議士有力的武器以抗拒內閣各部會官僚的囂張。國會質詢權終於寫進威瑪憲法的草稿中。在憲法起草委員會第一個版本草擬中，韋伯幾乎是唯一以無黨無派的獨立人士專家的身分參與新憲的草擬。韋伯晚年脫離各種政黨活動，一面教書、一面撰稿。他的政治思想圍繞在德國如何培養、拔擢和選用魅力型的領袖，俾鬆散的加盟各國（邦、州、市）能夠凝聚團結成爲中央集權的民族國家，這就是他津津樂道的凱撒型大權在握的國家領導（Cäsarismus）。在古羅馬時代率軍征服外邦而贏取勝利者，或是在同僚權鬥中勝出者，在下屬不斷複決首肯下，獲得部下和人民的擁戴，便成爲凱撒型的領袖。韋伯期待未來威瑪共和國取代德皇的專政，變成有權複決國政之庶民公投選出的統治與領導（plebiszitäre Herrschaft und Führerschaft）。這是卡理斯瑪（Charisma，魅力）轉向民主的表現，而其領袖成爲轉型過程的關鍵人物（Weber, 1968: 266-271）。庶民領袖在呼應民眾的信託，相信他一人可以代表全民的意志，一如拿破崙一世和三世的作爲。

四、韋伯對資本主義的詮釋

　　韋伯如同馬克思一樣，視資本主義的活力具有把傳統社會消解破壞的能力。因之，他指出：「資本主義是現代生活涉及人們命運最大的勢力」（Weber, 1930: 17）。馬克思與韋伯所體驗的德國資本主義——工業資本主義——不只是經濟的過程，而是衝擊整個社會，改變社會的力量。這使兩人發現資本主義不只影響了家庭結構、政府組織、人格形成，連對科學、藝術、文化諸面向也產生震撼的作用。

　　韋伯在1904年與1905年間的《社會科學與社會政策文庫》學刊上發表了震撼學界的大作〈新教倫理與資本主義精神〉之後，他的聲譽日起，一躍而成爲國際知名的學者。在這篇著作中，韋伯採取了與馬克思迥然相反的方式來討論資本主義的興起和運作，其方式大異於馬克思以歷史唯物論的物質主義之觀點來分析與批判資本主義。不過，韋伯卻強調他切入的方法並非片面的唯心主義的途徑，而是以一種啓發（heuristic）新知的手段，在宏觀的社會學層次上來提出資本主義發展史中的假設。因之，他無意藉此文的發表來拒斥馬克思主義，只是要藉理想類型的建構，在理論與學術的層面上，檢驗馬克思理念的正確與否。他明顯地反對馬克思把歷史看作一個整體、一個總體。因之，馬克思的史觀在韋伯的心目中也是另一種理想類型。事實上韋伯所努力的不過是探討現代性而已（Weber, 1930: 17）。

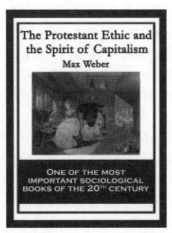

《新教倫理與資本主義精神》英譯本封面

資本主義的特徵

　　此外，韋伯顯然懂得分辨馬克思原始的想法和後者的徒子徒孫（亦即庸俗馬克思主義者），對馬克思和恩格斯著作的解釋之分別，他譴責庸俗馬克思主義是一種哲學上的貧乏，機械性、非辯證的教條式訓諭（catechism）。韋伯排斥這種「幼稚的歷史唯物論」，蓋這種唯物論把資本主義的精神與風範之起源，當做「經濟情況」的上層建築，或是當做經濟基礎的反映來看待（Weber, 1958: 55, 283, 217）。

　　韋伯知道社會科學的可貴之處，在於透過歷史的資料進行比較研究。因之，同是資本主義的課題，他便比較古代羅馬、中古北義大利和近代荷、英等地，也比較了基督教不同流派（天主教、誓反教、喀爾文教、大英國教）分布地區之資本主義的發展，更探究古中國與印度未出現資本主義之因由。研究印度與中國更增強韋伯對宗教會造成阻擋資本主義之產生與發展之看法，譬如說

印度喀斯特（階級）制度，禁止個人職業的更換，與西方近代打破行會的壟斷剛好相反，由是可知宗教信仰對經濟制度所產生的衝擊。依據韋伯的說詞，猶太教傳承給基督教有關禁止壟斷與巫術的濫用，就是造成西方人崇尚理性的源泉，是故去魔術化成為理性的經濟技術浮現的先決條件。但宗教理念也常為宗教帶來未曾預期的結果，例如宗教改革的世俗化、日常化，其後導致人們對宗教本質的懷疑，最終放棄了宗教的信仰，便是一例。

韋伯指出中世紀天主教會規定教友必須時時告解懺悔，是以個人對人生的意義完全由日常瑣碎行事與禮拜日的告解中略窺一二。除了僧侶有時間去思索人生，一般常人、俗人的赦免，完全靠教會這種幾近施放魔術的告解行動，是故有路德的反彈與宗教改革。他堅持每個人的信仰是教友與上帝之間的對話，不需教會或僧侶的介入。他引入了「召喚」（Berufung; calling）的觀念，認為每個人（不限於僧侶）都會受到上天的召喚去認真工作與禮拜上帝。

喀爾文引申路德召喚的意義，認為上帝是超驗的存在，並不活在塵世之經驗世界中，人是否被召喚變成上帝的選民，不是任何一位教友死前就會知道的。人既然不知自己是否獲得上天的恩寵得以拯救，則只有在有生之年，於現世中拼命工作，勤奮工作是對上帝光榮的禮敬。一個人如何才能成為上帝的選民，那就是要去掉人的自然性、動物性，而對自己的生涯有理性的規劃。人在現世可以累積財富，但不得將財富濫用於歡樂之上。既然人可以擁有財富，但又必須清心寡慾，則財富的不立即消耗便可以再投資，由是資本累積愈來愈雄厚。清教徒這種相信個人成功的事業、勤奮的工作和清心寡慾，是他們被上帝選擇與獲得拯救之途，這也就形成他們為一群堅強而富理智的中產階級之成員。新教中產階級的驕傲，來自他們獨立不屈的奮鬥意志，不容許外物干擾個人在現世的命運，不屈服於世俗的權威，只堅持內心孤獨的信仰之純真。這種階級的驕傲也帶來清教徒的獨立自主、行事的斬釘截鐵，以及幾近殘酷的性格。清教徒反對感性，也反對自動自發、隨興所至而流露出來人的本性。在政治上，清教徒反對專制和威權政府（高承恕，1988：61-70）。

要之，韋伯有關資本主義的制度之說法，是不認為這些典章制度機械性地從封建主義演展出來。反之，這些典章制度出現之前，社會有其特殊的價值、特別的心態的要求，其目的在使資本主義發展的潛力得以發揮。16世紀與17世紀英國的社會史和清教徒的經濟角色剛好提供給韋伯發展理論的根據，使他相信宗教理念在歷史發展上所引發的作用。清教徒在英、荷的表現，以及路德教與天主教在德國的保守作為，成為一大對照（姜新立，1997：212-216）。

　　韋伯在涉及喀爾文教時，提出兩點的看法：其一，喀爾文教徒的價值觀便利了資本家的活動，提供清教徒追求利潤、財富的意識形態；其二，清教徒在擁有這種價值觀之後，將其人格變成中規中矩，幾近冷酷無情的企業經營者。就是清教徒內心的這種絕情無義與堅強信仰，使他們揮別傳統，告別權威，不受教會與國家的羈束。宗教觀念的內在發展以及清教徒性格的堅忍強悍，是經濟活動的先決條件，也是造成中世紀社會體系崩潰與革新的動力。韋伯把意識形態和心裡的變項插入於歷史的分析中，使馬克思視為當然的社會現象有了更細緻、更深刻的解析，這是韋伯補足馬克思粗枝大葉的地方（Birnbaum, 1991: 7-17）。

　　韋伯如同馬克思一樣對資本主義的產生、發展和結果均抱持熱烈探討的興趣，因為這個歷史新現象是獨特的，其影響面不限於歐洲，甚至擴大到全球。此一經濟現象之特徵為生產工具被少數人所把持，而眾多的勞工卻在所謂勞動市場出賣他們的勞力。表面上出賣勞力的方式是自由的，實質上勞動力買主與賣主完全處於不平等的地位，而其間買賣競爭的激烈與慘烈也是空前的。生產效率成為新的社會價值，它是以理性、創意為美名，對人力做無情的壓榨與剝削。在資本主義崛起的時代，經濟行為以利益為取向，只要能夠賺取與擴大利潤，什麼手段皆可使用，皆可被合理化、正當化（Birnbaum, 1953, 135-136）。

　　理性便在衡量手段目標之間，如何以最小的代價獲得最（較）大的效果。工業社會不限制一個人從出生至死亡只固守一個行業，也不限制人們追求利潤的極限，是故一個人只要有利可圖，可以跨行跨業，進行各種各樣的經濟活動。

　　因之，合理性是對經濟手段不斷的批評、不斷的修正、不斷的選擇，而非把經濟手段神聖化。韋伯與馬克思均認為合理性原則就如同中世紀對行業的阻止、禁絕、規定一樣，都是隨意的、人造的、受歷史與社會環境制約的，而非自然的、神聖的、普遍的效準。

　　由於合理化原則的廣泛應用，不只在經濟生活，也在社會與政治生活中成為現代人的行動之指針，從而可說合理化塑造了現代人的精神、心靈和文化，構成了文化或時代精神（ethos）。由是國家也逐漸從傳統的束縛轉變為合理而又合法（rational-legal）。這種合理而又合法的現代國家的出現，在韋伯看來，便是西方所以產生資本主義的原因（洪鎌德，1998：160-171）。

　　由是可知韋伯把資本主義看成以合理和合法的手段、藉市場的供需、利

用會計、簿計的得失精算、在法律與官僚的協助下，達到資本家謀利致富的目標。資本主義乃是一種「經濟體系」，但這種經濟體系卻展現不同的面貌，在古代家長制之下爲政治性的資本主義，在近現代則顯示合理性的資本主義。

　　所謂政治性的資本主義，是指利潤和利益的謀取要靠國家的協力才有可能達成。這種以「政治爲導向的資本主義」（politisch orientierter Kapitalismus），其謀取財政上的利潤是靠國家發動戰爭，流血爭財，或是藉國家對外殖民、掠奪殖民地的資源，或靠國家或其代理人進行「非正常的金錢交易」（Weber, 1976: 124, 670 *ff*）。由此可見韋伯談經濟體系的資本主義時，仍然不忘政治和國家。

五、韋伯與社會主義

　　韋伯一生接觸不少的社會主義者、馬克思主義者、社民黨人和各種各派的左翼人士，包括女革命家盧森堡（Rosa Luxemburg, 1881-1919）。他平生研究各種政治的意識形態，當然對聲勢最大的社會主義的主張知之甚詳。有關社會主義的專著爲1918年發表的短文〈社會主義〉（Weber, 1994: 272-303）。另外，他計畫在1920年夏季學期於慕尼黑大學講授一學期「社會主義」的課程，卻因病逝而不克完成。

　　由於社會主義的定義雜多和分歧，韋伯只拿它來與私人經濟做一個對照，就是把社會主義與資本主義並列和比較。他在《經濟與社會》（*Wirtschaft und Gesellschaft*）[1] 的第二章指出：談經濟組織的效率，資本主義非常講究，但社會主義卻把資本主義最有效這一部分拿走，包括拿掉企業經營和工人不安的工作情景（Weber, 1976: 150 *ff*）。這兩種不同的體制實施的結果，資本主義較能發揮個體的才能，而在社會主義的國家中個人的自由大受限縮，資本主義流行的社會官僚抬頭，但社會主義實施的國度（如蘇聯建國之始），官僚更爲囂張。在社會主義所推行的計畫經濟之下，有效的價格難以形成，因爲它不建立

---

[1] 韋伯的名著《經濟與社會》首次於1925年出版於德國涂賓根（Tübingen）之J. C. B Mohr出版社。第二次世界大戰後科隆和柏林的Kippenheuer und Witsch出版社以研究版本（*Studienausgabe*）的面目再行出版，有英文和華文翻譯，請看參考文獻。

在市場供需的原則之上。作爲一種意識形態，社會主義是立基於自然法之上。

　　韋伯說，社會主義一旦落實，人類要蒙受一大災難。他又說，在資本主義的經濟體制中，國家與私人經濟分開和對立，可以相互監督和制衡，但在社會主義的計畫經濟中，只有強大的權力菁英決定一切、主宰一切（Weber, 1976, 103-105, 286）。「一旦私人經濟徹底被消滅之後，國家官僚制度將單獨統治」（Weber, 1976: 1402）。在社會主義的體制下，工人將陷入貧困，因爲所面對的是聯合團結的權力菁英。屆時不是普勞階級專政，而是官員獨裁（Weber, 1968: 292），由此可知他有先見之明。一般而言，韋伯認爲在社會主義實施的國度官僚化會日趨嚴重（Weber, 1994: 279）。這種國度將回歸古埃及的暴政和奴役。在歐戰結束後，社會黨國會議員卡爾‧李普克內希（Karl Liebknecht, 1871-1919）應當關進精神病院，而羅莎‧盧森堡則該進入動物園（Mommsen, 1974: 305），因爲此時此刻嘗試在德國進行革命無異在耍弄嘉年華會。

　　在討論社會主義時，韋伯喜歡拿它來與資本主義做比較。他之所以推崇資本主義，在於資本家兼具企業家改變現狀的革命性格和除舊布新的創發精神。在戰後動盪的年代裡，他極度反對德國境內的左翼革命活動。他說：

> 假使私人的資本主義被消滅，則剩下國家的官僚單獨統治。本來的官員（官僚）和私人工業界的企業，原則上彼此可以相互對立和制衡，如今（社會主義一旦建立）官僚和企業家合爲一體，形成龐大的上下不等階梯式的統治與隸屬關係（Hierachie）。（Weber, 1994: 39）

　　在這種社會主義制度下，工人自由不但沒有增多，反而減少。政府官員會採取低薪政策，工人被迫服從。沒有任何的行政或立法機構會伸出援手。資本主義靠動力和自由，社會主義則變成停滯和奴役。

What is Social Class – Marx & Weber

There is no agreed definition of social class and sociologists view it in different ways.

KARL MARX

- Saw Capitalist society as a highly stratified system (society divided with privileged at top & poor at bottom.)
- Identified two classes i) bourgeoisie (ruling class) & proletariat (the working class)
- Membership of these classes was determined by economic factors.
- Bourgeoisie - owned property, businesses and land. Aimed for increasing profits.
- Proletariat - did not own property and had to sell their labour to bourgeoisie. Aimed for higher wages.
- Marx saw the bourgeoisie as exploiting the proletariat.

Max Weber:

- Argued that classes were formed in marketplaces such as the labour market. One class of people hired labour & another class sold their labour.
- Weber deified a class is a group of people with similar life chances.
- He identified 4 main classes i) property owners ii) professionals iii)petty bourgeoisie (shop owners_ iv) the working class
- Different classes reflect different life chances, for example, the working class shared similar life chances in the labour market but had different life chances from property owners.
- Like Marx, saw class as being based on economic factors but also on status and power.
- Weber saw class & status as separate, for example, i) a member of the aristocracy may have no savings but their title gives them status ii) nurses may lack wealth but have high status iii) lottery inners may have wealth but lack status

Weber and Marx

Socialism is predicated on government ownership of the economy to provide the coordination to meet the needs of people within society. If anything, Weber maintained, socialism would be even more rationalized, even more bureaucratic than capitalism. And thus, more alienating to human beings as well.

馬克思和韋伯在經濟和階級兩議題看法不同

　　韋伯不認為在可見的未來，社會主義必然降臨。社會主義一旦出現，不可能改變人類的生存條件，反而使經濟發展倒退。他對現狀的悲觀，乃是忽視科技的進步對政經社會的衝擊，這反映其思想的保守（Beetham, 1974: 82-89）。

　　韋伯不信在社會主義制度下，原來的人類會變成新人，屆時有權有勢的幹部以新官僚的面目來控制群眾，不再是擁有私財的上層階級，而是宰制群眾的幹部來發揮其企業家的功能。在工業資本社會中如何保障工人符合人道的生存，也必然成為社會主義體制下同樣備受關切的主題。他說：「目前政治和工業管理（卡特爾、銀行、大財團等）分別由不同的機構來執行，因之工業的權

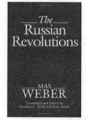

列寧與俄國革命

力受到政治權力節制，（但在社會主義體制下）這兩種權力將合併成共同的利益，再也無人制衡他人。」（Weber, 1992: 615）

韋伯期待國家藉其法律上的優勢，擁有壟斷性的暴力，可以超越國內經濟利益之上，在有遠見、有魄力領袖主導下，使用高明的策略化解利益衝突，整合各種動能使社會往正面的、進步的方向邁進。這是我們前面所討論過的魅力領袖主導下的公民民主。

六、韋伯論民主

當馬克思對未來共產主義的實現極爲樂觀，而深信民主最終的落實是歷史發展的必然之際，韋伯則對這種的預測不感興趣。他倒十分擔心，他所處的西方社會造成民主化路途的坎坷不平，阻礙橫生。這樣的說法並不意謂韋伯排斥民主議程上所牽連到的社會的德目（諸如公平、自由、安富尊榮等）的追求。事實上，韋伯的政治著作透露他終身的奮鬥，也就是他掙扎在兩項可欲之間：一方是自由主義和民主的嚮往；他方是德國民族主義和德國國際權力地位的追求。

在韋伯有關政治學與政治社會學的著作中，民主政制是他非常關心的主題，包括古希臘的直接民主、民主政制中領袖的角色、民主和資本主義的關係，以及在德國境內有效和實際上足以發揮功能的民主。

韋伯給民主如下的定義：

> 民主意謂各種不同的事物。在它本身意指在全民中沒有任何個別階級
> 享有不平等的政治權利。（Weber, 1994: 275）

他進一步闡述民主爲國家領導人爭取公民選票的政制。這就令人想起一段逸聞，亦即韋伯碰見國族主義者的盧登多夫（Erich Ludendorff, 1865-1937）將軍，指出：「在民主體制中，人民選出他們信任的領導人，然後領導人就說：『今後請閉嘴，一切聽我吩咐！』」（Weber, 1946: 42）。

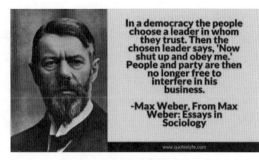

盧登多夫將軍　　　　　　　　　　1917-1918年韋伯的肖像

取材自Wikipedia人物介紹Erich Ludendorff和Max Weber。

在《經濟與社會》第三章中，他指出民主為反專制轉化為卡理斯瑪統治的過渡（Weber, 1976: 159-166），所舉的例子為北美城市自治和瑞士各邦的自主。統治可以藉輪流當家或抽籤的方式來減少強制的感受（Weber, 1968: 189），這是民主可貴之處。在這裡我們依稀嗅到他有意引進正當性之第四種樣貌，亦即統治的正當性源自「被統治者的意願」（Weber, 1992: 752-756）。可是最後，這個第四種的主張並未成案。

社會的某些勢力在壓平被統治者的反抗力道，這就是民主化的過程：「負面的民主化」（Weber, 1968: 983-987）。民主與教派之間存有選擇性的親近，但民主與資本主義之間卻不存在這種相似的親近性（Weber, 1994: 68-70），這兩種制度並存在西方世界只是歷史的巧合。資本家並沒有特別的民主化傾向，反之，他們寧願在其他人員不在場時單獨做出決策。

韋伯是否為一位真實的民主信奉者引發爭議。他對民主持懷疑的態度是由於他認知論與方法論採批判的精神。基本上，在方法論方面韋伯避開大而無當的、包天覆地的寰宇性原理之提出。不過，在他的著作中，倒有幾項假設含有寰宇性的意味。所謂寰宇性的特質，就是放諸四海而皆準、俟諸百世而不惑的原則。這表示不容許有異例（例外）的情況發生。不過在歷史的變化中，卻容許這類原則、設準、假定有不同的面目與形式之出現，而非固守其本質。在韋伯的分析觀點裡，我們可以找到兩項設準與民主的考察有關：其一為演化天擇造成的不平等；其二為菁英的宰制。

首先，由於物競天擇，優勝劣敗，基於生物學與社會學的標準，社會秩序不是平等的，而是不平等的。亦即社會的結構就是一種不平等形式的結構。韋伯的第二項設準涉及宰制結構的無處不在：社會行動的每一部分是深刻地受

著宰制（優勢，dominancy）的影響。「從不具型態的、散漫的社會行動逐漸浮現為合理的組合的一大堆例子中，可以看出這種合理組織的浮現是得力於優勢，以及在團體中這種優勢的主導作用促成的。就算情形並非如此，優勢的結構仍舊決定性地規定了社會行動的形式，以及它怎樣朝『目標』取向（定取方向朝向目標）」（Weber, 1968: 941）。所謂的優勢、宰制是指涉權威性的權力（洪鎌德，1998：214-219），它在統治者與被統治者之間建立起一種命令與服從的關係。雖然韋伯並不刻意把宰制的結構視同為不平等的結構，但很明顯兩者還是有關聯，那就是說選擇（天擇）的過程，使優者、適者可以躋身於社會結構的領導地位之上（洪鎌德，1998：253-258）。

　　韋伯對這兩項設準（物競天擇造成的不平等之必然性，以及宰制的結構無處不在的情形）所加以說明的絕對性描述，其重要性不言而喻。這兩項設準在韋伯的著作中尚沒有其他的設準（譬如和諧的社群關係）可以與之匹敵，與之相提並論。事實上，韋伯認為在一個和諧的社群關係中，天擇是必要的，壓制也是普遍的現象（Weber, 1968: 42）。在社群或其他組織緊密的團體中，藉由協商所構成的同意之秩序（consensual order），只有在成員自動自發的同意下，才能成立和維持。其他型態的集體中，維持社會秩序，便要靠上下尊卑的統屬結構（hierarchy）之發揮作用，由優勢者、強力者將其意志硬性加在忍讓的、妥協的、屈從的成員之上。例如一國的憲法或一個團體的會章就是在標明特殊的限制，在此一限制範圍內，行政人員與群體成員（公民或會員）可以發揮其權限和展開活動，而供領袖的指揮驅遣（Weber, 1968: 50-51）。換言之，韋伯認為官僚與人事制度的茁壯，為造成高度工業化社會的先決條件。因此他把官僚制度看成制度變化中最重要的源泉之一。研究官僚和民主制度的關係至為重要（洪鎌德，2013：8-10）。

　　由於傾向於一開始便以上層的觀點來看待現象，這使韋伯的理想類型只看到對民主的阻礙，而忽視了權力的民主應用。他花費太多的注意力於資本主義體制和國家中的統治模式和菁英統治的反民主效果，而忽視了由下而上，群眾對強勢者的對抗與節制的努力。古德涅（Alvin Gouldner, 1920-1980）在對韋伯的官僚概念有所批評時，指出韋伯有關組織的束縛所牽連的權威性意涵就是反對民主的看法。韋伯忽視了對抗「寡頭壟斷的鐵律」有賴「民主的鐵律」才能奏效。「假使寡頭統治的波浪不斷把民主的橋樑沖毀，那麼這種反覆發生之事所以能夠不斷出現，乃是因為人們在每次氾濫成災之後，仍舊堅忍圖成重建橋樑的緣故」（Gouldner, 1955: 506）。假使韋伯能夠把弱勢者（不利者和被統

治者）的反彈，也置放在他普遍性的設準裡頭，那麼他必然會看出西方民主重大的成就，或許他對民主的前景將不至那麼悲觀失望。

七、結論

本章先敘述1880年以來德意志由分裂走向統一，其後工業資本主義勃興，政治、社會、經濟、文化實力提升和國族主義的精神昂揚。不料在20世紀上葉，因政治領導無能而捲入第一次世界大戰，戰敗後割地賠款，促成第二帝國崩潰、威瑪共和國的誕生。這四十年間剛好是韋伯從學生時代轉向教學、研究、撰著、評時論政，也是參政，甚至起草新憲之時，由是可見一向熱衷政治的他，不僅對國家、政治所牽涉的現象及其歷史演變有理論的析述，還以問政和論政的實踐方式投入政治志業。

總之，韋伯實際討論政治和參與政治大約不超過二十五年（1895-1920），這段不算太長的時期中顯示了他思想的變化和發展，例如早期對種族狹隘的看法，在易北河之東的農民生活條件的調查報告中，他排斥斯拉夫人，特別是波蘭人移入德境耕作。同樣在佛萊堡大學就職演講裡，也強調國族主義發揮的場域的民族國家之重要，但到晚年他把國族主義擱置，不認為種族和種族主義有何左右政局的能耐。歐戰剛爆發之際，韋伯與其他知識分子精神振奮而贊成全民參戰，以為戰爭或會還給德國一個公道，不料戰爭卻導致德國的戰敗。加上戰後社會動盪革命四起，令他痛心不已。

韋伯在歐戰前後所寫的時評常被看做學術性的文章，在敘述現代西方或俄國遭遇的挑戰或現勢，而忘記其背後問題的深刻分析。以致他政治思想的重要性和原創性常被混淆、被模糊（Weber, 1994: xi）。事實上，他在討論現實事件之餘，經常比較今古、比較東歐（俄）與西歐（德），從而顯示其思想的雙重性。但他對政治的看法從頭至終不變，對他而言，乃是在追求學術生涯之外的至愛，也是讓他血脈賁張、以身相許的學術志業，同時也是他的「私愛或祕戀」（geheime Liebe）。在另一個場合上，他強調政治家像硬木塊一般耐壓耐操，接受來自各方面的挑戰。韋伯對政治的概念離不開德國可能成為世界強國（Machtstaaten）之一的想法，這是當時其餘政治經濟學家普遍的看法，他們都認為世紀初強國的崛起「與（使用）有形的暴力之壟斷性有關」。由此引

申的政治之定義乃為競取「權力的分享或對權力分享擁有影響力，（這種權鬥出現）在諸國之間或在單一國度之內各種人民群體之間」（Weber, 1994: 300-311）。對他而言，政治的本質就是權鬥（Kampf），就是衝突及其解決。政治的當務之急不在提升百姓物質上的福利，而是人類在其所處的社會和經濟秩序情境上的生活品質。政治經濟學作品的目標在「產生那些特質足以構成人們的偉大和吾人本性的高尚」。

是故本章不只敘述韋伯青年時代的政治涵養，還進一步分析他對國族主義彌漫下德國成為歐洲列強可能性的期待與失望。他對資本主義和社會主義的比較與民主制度推崇和擔憂之所在。總之，韋伯對政治沒有系統性和明確性的論述，因此，本章也只能把他的片言隻語整理成他的政治觀。特別是個人思想受時局的制約，以及個人企圖改變時局的艱難，從他短暫的一生可以得到證實。

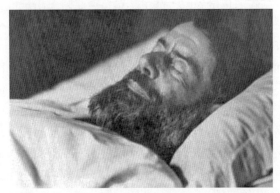

韋伯於1920年6月14日因肺炎逝世於德國慕尼黑，享年56歲
引自Kaube, Joachim, *Max Weber: Ein Leben zwischen den Epochen*, S. 256h

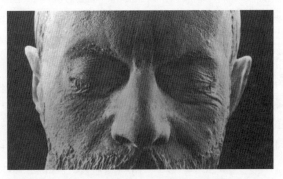

韋伯逝世日的面部表情（百年忌辰出現的照片）

第二章

韋伯的政治社會學——
理論與實踐之探索

第二章　韋伯的政治社會學——理論與實踐之探索

一、前言

　　2020年6月14日爲韋伯逝世一百週年紀念之日。除德國完成最後一卷的韋伯全集[1]和發行電子版全集之外，世界學術昌盛的國度都以不同的方式舉行懷念和追思。香港中文大學發行的《二十一世紀評論》便有紀念專刊研討韋伯的國家觀和民主理論。台灣《國際研究季刊》也有專文發表。私立東吳大學社會學系與研究所還辦了一場德台紀念韋伯研討會。一個世紀以來，中、台、港、星和日本對韋伯學說的介紹，大多集中在他有關基督新教的倫理和資本主義的精神之關聯、三種統治權威的析述、社會科學方法學和官僚科層制之分析。有關他的國家社會學、政治行爲、政治理論、法律社會學和對社會主義和馬克思主義的看法，較少琢磨和敘述。有鑑於東亞涉及韋伯的法政思想和言行鋪陳之稀少，以及他如何把政治牽連到歷史學和社會學的研究介紹之不足，本章試行以韋伯的心路歷程和從政生涯來析述其法政觀點，特重其個人生命史和大時代演變之互動，從而闡明他的政治思想和實踐的大要。

　　作爲學者兼政治家的韋伯對政治的關心和熱衷，在其同代學者兼政客中找不出第二位來。他從政的經驗加上學問上的愼思明辨，使他參與實際政事、評論時局、分析各政黨和其背後的意識形態，儘量保持客觀和無偏頗的態度，俾達到他所標榜學術之「價值中立」（Wertfreiheit）的地步。

　　此外，韋伯認爲談政治離不開產生政治的場域和舞台的國家（洪鎌德，2020：7-12；Anter, 2014: 9-39）。對他而言，政治就是扮演行動者的國家之活動、行爲。所以韋伯的政治思想脫離不開國家理論，也與社會學說、經濟分析和文化闡述有關。另一方面，政治現象離不開國家所處的時空背景，是故歷史的處境和領土國家的變遷，使得他的政治社會學不但是國家社會學、統治社會學、行政社會學，更是歷史學、歷史社會學。是故政治、社會和歷史三者合成一體，正是韋伯政治觀的第一個特徵（Mommsen, 1974: 9-20）。

　　認爲日耳曼民族應當躋身歐洲強國行列的自由主義者之韋伯，經歷了歐戰德國的慘敗和威廉第二帝國的崩潰，而且本身還參與凡爾賽和會以及威瑪共

---

[1] 由巴伐利亞科學院編撰與發行韋伯全集共四十七卷，分三大門：1.著作和演講錄；2.書信；3.講課稿本。最後一卷爲講課：《實際國族經濟》（*praktische Nationalökonomie*）在2020年6月中旬出版。

和國憲法的起草。他一度爲偏向自由主義的德國民主黨延攬，卻無法出面競逐國會席次，曾受社民黨擔任威瑪共和國總統艾伯特的器重，有意拔擢出任新內閣的內政部長高職，也沒有成功，雖無執政的實務經驗，但屢次涉入國家外交談判和制憲工程，可見他介入當年（1920年代）號稱「新秩序」（Neue Ordnung）的政壇何等之深入。這就說明他不是書空咄咄的論壇辯士，而是風塵僕僕的政治大家。這表示他不僅爲政治理論的大師，更是參與公眾實務及定奪國家大政方針的操盤手。這是他涉身現實政治的第二特徵。

他對19世紀下半葉德國社民黨態度的疏離，以及對馬克思主義及其支持者的批判，說明他不信任社會主義，也質疑馬克思主義。至於疑懼布爾雪維克的革命可能導致蘇聯新政權效法帝俄外侵，似乎有未卜先知的預見。基本上他對當年無政府主義者和工會主義者的說詞頗爲入迷。尤其讚頌出生於德國的義大利社會學家米歇爾（Robert Michels, 1876-1936）的政治主張（洪鎌德，2013：8-10），甚至還把他視爲「知己」（*alter ego*）（Mommsen, 1974: 44-71）。這種批判左派的意識形態至主張英明領袖所形成的群眾民主，顯示其轉向右派的跡象。這可謂他政治理想的展現，也表現他政治社會學學說的第三特徵。

總之，爲瞭解韋伯政治思想和政治實踐之演展，顯示以國家學（Staatslehre）、政治學（Staatswischenschaften，國家學說）[2]來分析是首要的研究途徑。其次配用法律學和歷史學來說明國家的組織和運作，再佐以社會學原理的應用，以及社會關係的綱絡之分析來彰顯其政治觀點的特出。

---

2 在第二次世界大戰結束之前，日耳曼語文的地區，像德國、奧地利、瑞士之法政學院，大多只設法律系和國家學系，而沒有政治學系。可知政治學（Politikwissenschaft）係在二戰後由美、英、法占領國從外頭輸入。

二、政治與國家及統治之關係

　　韋伯效法其前輩與同代公法學者，主張國家單獨擁有對人和對地的絕對高權，亦即主權。為了顯示主權的特徵，韋伯突顯暴力使用和暴力威脅的壟斷性，這同時可視為國家的特徵。易言之，世上諸團體、機構、制度中，只有國家擁有正當的使用暴力之特權。由是說明國家是在一定的領域上對其人民可以合法地、正當地使用公權力（暴力），目的在達成「人統治人」，而維持統治秩序（維穩）的機制。國家就是一個團隊（Verband）、一個大企業（Betrieb）、一個有組織的機構（Anstalt）。韋伯在《經濟與社會》兩大厚卷的開端和末尾提及國家是不斷運轉和經營的企業機構（Betriebsanstalt）（*WuG*, 39: 1052, 1092）。這就是從靜態的、結構的面向來看待國家；如以動態的、功能方面來觀察國家，則國家的活動和行為無異為機構的運作、機構的企業（Anstaltsbetrieb）（*WuG*, 39; Dusza, 1989: 76），這一部分國家的活動和行為便可視為政治、政治的（das Politische），或稱為政策（Politik）（洪鎌德，2013：8-10）。

　　由是可知政治離不開國家，國家之活動也離不開政治，他遂在著名的演講〈以政治為志業〉中，宣稱一國之內，或諸國之間爭權或追逐影響力，而引起的衝突便是政治的要素（*PW*, 310, 311; Anter and Breuer, 2007）。

　　對韋伯而言，政治乃是利益的衝突、權力的角逐、權力的分配之爭奪，這些無疑是為本身權位和利益而不惜與他人、他群、他國展開的戰鬥。其中人對人的統治所顯示的人群不平等，使統治階層和被統治眾多的庶民有上下尊卑以及主從統屬的階梯關係（Hierarchie）。是故韋伯政治社會學的核心為統治制度和統治行為。所謂的統治、領導、駕馭，意謂命令的遵從，這不僅出現在壟斷公權力的國家，也出現在社會各階層、各方面之上。在《經濟與社會》巨著第一章中，他定義「統治」（Herrschaft，也可譯為「領導」、「權威」或「駕馭」）是指「具有某種內容的命令，在某一人群中獲得服從的可能性（概率、機會）（Chance）」（*WuG*, 38; *ES*, 53）。「毫無疑問，社會行動的每一氛圍都受到統治結構的影響」（*ibid.*, 700; 911）。

　　暴力或金錢固然可使鬼推磨，但被視為正當的統治，卻使人乖乖降服，而使命令穩當地遵行。此一厚帙作品中，韋伯指出三類符合正當性原則的統治、

領導或權威的方式：就是三種不同的權威、統治、領導的模式，亦即：1.傳統的；2.魅力型的；3.法律的統治或權威（*ibid.*, 159-188; 213-301）。

所謂傳統的統治是建立在人群對傳統的神聖性深信不疑，甚至對典章舊制的衷心擁護之上。至於魅力型的統治是對天縱英明、秀異傑出的領袖之真心誠意的愛戴，願意為他赴湯蹈火在所不惜。至於法治的，也是理性的統治，則是建立在法治基礎上，此時命令的遵守不是由於人際的關係，而是對群體、對規章的尊重。今天民主國家最通行的是遵守法規的法律統治。在上述三種正當性統治之外，韋伯卻排除不正當的統治（illegitimate Herrschaft）。至於歐洲中世紀某些城市不靠傳統方式，而靠新崛起的篡位者與暴民之間勾結所產生的正當性，在韋伯心目中這是「非正當性」或稱「不夠正當性」（nichtlegitime）的統治（*WuG*, 923-1035; *GM*, 84）。1917年韋伯在維也納一次談話會上提出第四種的統治形式，亦即「被統治者的意願」（*MWG*, I/22, 4, 752-756）。不過他對此未做深論，其後也就不了了之。總的來說，他區分不正當的統治和非正當的統治之不同。

就韋伯而言，政治出現在國家之前。不過，影響人群公共生活的政治則是在國內的群體爭權奪利之際，或是國際之間稱霸爭雄之時，因而發生的糾紛及其解決當中出現的。由是顯示政治和國家是首尾連貫的因果循環（circulation）。換言之，政治離不開國家，國家內外的事務便稱「政治」（Politik），或稱「政治的」（das Politische）。韋伯本身對何謂「政治的」談論不多，他的相識和門生舒密特（Carl Schmitt, 1888-1985）卻視「政治的」為敵我關係之極端態度（Ulman, 1985: 3-57；洪鎌德，2013：111-113）。

三、韋伯的教書和從政生涯之簡述

我們一直有一個錯覺，以為像韋伯這樣學問廣博、著作繁多的學者，一定在高等學府執教多年，誨人無數。事實上，他從二十七歲獲取教授資格（Habilitation）後，1892年被柏林大學聘為商法和日耳曼法助理教授，卻拒絕就任；1893年獲聘為西南德黑森林佛萊堡大學政治經濟學教授，過了一年後改為經濟學教授；1896年三十二歲的韋伯接受涅卡河畔的海德堡大學敦聘為經濟學教授。可見少年得志三十歲出頭便當上德國大學的正教授，但他在講台上站

立並不長久。韋伯從原本對擔任國會議員的父親極爲敬畏的「靠爸族」，因目擊一家之主的驕橫，轉而變成護母心切的「媽寶」。由於父母感情不睦，造成這位敏感的孝子心神不安。以致在1897年與父親大吵一頓而導致其父兩個月後逝世，也導致自覺本身有所理虧的大學者跟著精神崩潰。這一病竟長達六、七年，不得不辭退教職，海德堡大學改聘他爲榮譽教授。因其母家一度業商嫁娠豐厚，其父留下遺產不少，韋伯不愁衣食，反而開放其涅卡河畔之豪宅供學界、文藝界友人聚會所在。他與其父外孫女瑪麗安妮‧施尼特格爾（Mrianne Schnitziger, 1870-1954）於1893年結婚。據稱他倆有夫妻之名而無夫妻之實，亦即沒有享受性的樂趣。但這不排除韋伯有婚外情的事實（Kaube, 2020: 287-289），其對象有愛樂絲和芙麗姐‧馮莉希特荷芬姊妹（Elese und Frieda von Ricththofen）及下述女鋼琴家。不過，其夫人卻爲傑出的社會學者及女性平權的爭取者，不但編纂韋伯遺稿，還出版其一生傳記（Marianne Weber, 2009）。

瑪克士和瑪麗安妮結爲夫妻，是一對理想的情侶，但兩人有夫妻之名無夫妻之實，自無子嗣

愛樂絲爲韋伯友人兼《文庫》另一編輯Jaffe之妻。與其心理師有染，也和韋伯兄弟有過肌膚親密的關係

　　1904年病癒的韋伯赴美國聖路易城參觀萬國博覽會，同年與宋巴特（Werner Sombart, 1863-1941）和熊彼得（Joseph Schumpeter, 1880-1950）輪流主編《社會科學與社會政策文庫》（1904-1933），此一學刊成爲德國聲名最崇隆的學報，韋伯重要著作多在此學誌上發表。1907年旅遊義大利和荷蘭，

次年加入國家自由黨，1909年與主張社會有異於社群的哲學家兼社會學家滕尼斯（Ferdinand Tönnies, 1855-1936）[3]等創立德國社會學會。後來因爲會員對韋伯堅持社會科學應守住「價值中立」底線意見不一，在爭吵不休之後，他終於在1912年退出學會。就在1911年和1912年，一位風姿綽約的瑞士女鋼琴家蜜爾娜・拓璞樂（Mirna Tobler, 1880-1969）不時出現在海德堡豪宅中，這位讓大學者視爲化身音樂的繆斯，是引導他認識音樂的可人兒。韋伯夫婦曾陪同她旅行吳慈堡、班堡和拜路特等地（Kaube, *ibid.*）。從她的身上韋伯得到情慾（eros）的發洩（Radkau, 2009: 364），韋伯之妻不以爲忤，反而待她如閨蜜。其後與韋伯的通訊中，我們居然看到他驚人之語，把政治視爲「私密的戀情（偷情）」（Geheime Liebe）（*MWG*, 1/16, 19）。政治對韋伯而言，是要懷抱熱情（Leidenschaft; passion），就像戀人偷嘗私密愛情的興奮與驚喜。

蜜爾娜・拓璞樂（Mirna Tobler）　　Else Jaffé geb. von Richthofen (1902)

　　1913年韋伯再遊義大利。次年歐戰（第一次世界大戰）爆發，韋伯以退伍軍人的身分被徵召到軍人醫院服行政管理役，達一年之久。1915年其大作《世界宗教之倫理》出版。1916年反對德國合併奧地利政策。以《法蘭克福通報》記者身分穿梭於維也納與慕尼黑之間撰寫時評。1917年出版古猶太教、中國儒道兩教、印度興都教和佛教等書。1918年接受維也納大學聘請，擔任政治經濟學講座教授，撰文評析唯物史觀。1919年爲柏林內政部提供憲改意見，被提名內政部長未遂。參加凡爾賽和會，捍衛德國權益。參加威瑪共和國憲法起草。

3　滕尼斯爲今譯，早期譯爲杜尼斯不妥。

1920年6月14日因肺炎病逝慕尼黑，享壽五十六歲。

四、韋伯心路歷程與從政生涯的剖析

　　兩歲就得腦膜炎的韋伯可說天生體質不佳，他在1864年4月21日誕生於德國中部埃福特（Erfurt），其父當時擔任該市市長。他為一家八個子女（後一弟一妹夭折）之長男。幼年在柏林菁華區莎樂田堡的頂尖國小與文科國中受教，從小喜愛歷史、文哲和希臘文以及拉丁文。十二歲便能閱讀西塞羅艱深的拉丁文原著，同表兄討論古羅馬的政治，可謂是早熟的「小精靈」（Teuflein, a little demon）。其父擔任律師後任行政高官，後來兩度選上威廉（第二）帝國國會的議員，家中來往無白丁，常有史學家和大儒成為座上賓，以致幼小韋伯心目中的老爸是其崇拜的偶像。偏偏仕途得意、官運亨通的一家之主，飽暖思淫慾，冷落了出身商賈大家閨秀的妻子，在夫妻不睦之餘，釀成護母心切的小韋伯之憤懣。這位喜歡深思反省和自我心理分析的博學青年，居然踏上尼采神經失常的覆轍，在其學術聲望抵達巔峰之際，陷入憂悒深淵。這是1897年韋伯與父親大吵兩個月後導致其猝死，造成的負疚自責，而一病長達六、七年，也是後來又再度舊病重發（1907）之緣故，不過他最終還是克服病痛。

　　與其父祖輩經歷過的政經社文發展情勢大為不同，韋伯目擊世局三個面相的變化：第一，有組織的工廠制度和採取官僚分工設層的教會體制之出現；第二，人口從鄉下和農村移居城市，無計畫城市化的開始；第三，立憲式的民族國家紛紛崛起，取代幾個舊王朝勉強湊合的「列強協力」（Concert of Powers）[4]。民族國家並存的國際外交活動終於潰敗在第一次世界大戰之上。這些時局的驟變對身為公法學者、政經專家、社會理論家和歷史學者的韋伯衝擊何其重大（Whimster, 2004: 4-5）！

　　要之，他站在歷史轉折的高點上既回顧以往的變遷，又要展望未來的發展。單單一個現代化或現代性的概念，他的提法居然與眾不同。這是由於他既要抽象性地掌握複雜多變的現代化現象，又要對現象保持距離、不帶價值判斷

4　係指1815年維也納和會召開後，俄、英、普、奧四強而言。

加以客觀描繪。這種愼重的科學態度，與他心思訓練、學養培育、知力塑造有
關。在接受佛萊堡大學和海德堡大學教職之前，他便做過易北河之東岸德國農
民逃離東境（Ostflucht）的調查，這是經驗與實證的研究方法之應用。他的知
識型態特色爲往返於現實的考察與歷史的回顧之間。以韋伯的才華理應在權力
中心的柏林大學任教，卻選擇風景怡人的海德堡與學人好友周旋，這表示他嫌
惡首都學術氛圍的僵硬壓迫，也顯示風光明媚的義大利和荷蘭有助於憂鬱症的
療治與康復。

　　強調社會科學的研究旨在闡明人群行爲的文化意義。佛洛伊德把性之力必
多（Libido）當成人群行動的驅力，這點爲韋伯所認可，亦即視它爲文化研究
的一環，儘管他對精神分析不看做科學，也排斥接受心理治療。

五、韋伯析評移民政策與當年的德國民族主義

　　前面提起韋伯擔任教職之前，曾進行易北河東岸農民西遷的調查和移民
政策的計畫（1888-1892），這是他政治主張的嶄露。他建議普奧兩國合力阻
止波蘭勞工西移，而鼓勵東普魯士農民遷入德國中、西部的柏林和魯爾工業地
區，這不僅解決工人失業，還促成東普魯士的日耳曼化。他支持把東普魯士少
開發的農地再度殖民化，這些土地曾是東部德國貴族（Jumker）棄置不用的封
地。

　　這一想法背後的動機與韋伯出身布爾喬亞（Bürgertum）的國族主義而又
傾向自由主義的家族有關。其外公曾鼓吹整合日耳曼諸邦成爲一個以德意志文
化爲基礎的大國，任國會議員的老韋伯更是國家自由黨的領導之一。這種19世
紀堅決的德國之民族主義者係立基於經典的共和主義之上，主張國族爲個人自
由與權利提供保障，國族的興盛有賴公民的德行與性格之支撐，特別是國民文
化之提升。

　　韋伯移民政策的主張影響了友人兼誓反教牧師的瑙曼（Friedrich Naumann,
1860-1919），其曾大力拉攏韋伯進入政治圈不果。瑙曼支持勞工改善貧窮，
但其政治主張有異於馬克思主義派和社民黨的左派，係以基督教義的慈悲，改
善勞工的貧窮，消除貧富懸殊。他在1919年成立德國民主黨，進入國會問政，
逝世前還與韋伯參與威瑪憲法的起草（Theiner, 1987: 297-310）。

　　韋伯反對波蘭勞工的東遷在1905年有所改變，這是受俄國自由黨廣納俄境各種少數民族增強革命勢力的影響。這時他建議吸收德境上諸少數民族，包括波蘭人在內，俾建立一個壯大的、以德國文化為根基的日耳曼帝國。要達到這個目標單靠德國民族主義者爭取權力的理想是不夠的，而是要政治人物擁有尼采所說「權力意志」（Der Wille zur Macht）。依據尼采的說法，這是生與死、出現與消失、樂與悲的循環，是推動萬物齒輪轉動的「原動力」（Urkraft）。韋伯深受其影響（*GM*, 270-271; 276-277）。他曾說當今的哲學家知識分子誠實可從他們對待尼采和馬克思的態度看出，任何學者不靠上述兩大哲人是無法有所成就的。「今日我們精神上和知識上生存的世界基本上是馬克思和尼采所形塑的世界」（Hennis, 1988: 46）。

　　在1888年登基之前的威廉皇太子，成為韋伯在大學時代從宮廷裨史中得知的輕蔑對象，認為其像鐵軌上的高速火車橫衝直撞，下一站該何處停車一無所悉（Kaube, 2020: 75 *ff*）。後來從輕蔑轉為痛恨，把自己生涯之不順歸咎於皇上之「神經兮兮」。1900年南非波爾戰爭中，威廉皇帝為鞏固邦誼，不惜壓抑南非德裔領導，造成德國人對英國之反感，當時身罹心病的韋伯極感憤怒。隨後的國會解散與改選，他認為無非皇上權力政治的推波助瀾，同時瑙曼的勤王保駕也招來韋伯的攻擊。韋伯對皇上的不滿至今只在私人圈中流傳，1908年在《每日電訊》訪談中則公開披露。他指摘德皇只滿意權力的外表，而不懂做一個實權的人物和魅力的領袖（Radkau, 2009: 335）。至於歐戰的爆發是由於英法等國誤判德國進行大戰的決心和能力，還是德國左翼人士所指摘威廉二世的懦怯和猶豫的性格所導致的，仍是值得解開的歷史謎團。無論如何，沉醉於畸

尼采 Friedrich Nietzsche　　　　威廉皇帝　　　　　　俾斯麥

戀中的拓璞樂曾一度幻想韋伯有朝一日可當上帝國的宰相，他的回答竟是：「除非皇上被刺殺而亡」（Radkau, *ibid.*, 337）。

俾斯麥被描述爲一位犬儒者與狐疑者，他自視甚高瞧不起人。凡不屬於他的東西，皆在摧毀之列。他唯一的期望在造就本身的優勢（Baeher, 1988）。大學時代的青年韋伯認爲德國經歷1848年與1862年革命失敗，竟轉而把俾斯麥奉爲神明，把他的言行當做教條看待（Kaube, 2020: 77），此乃德國之不幸。事實上，韋伯認爲這位鐵血宰相並非他心目中的魅力領袖，既非先知，也非煽動家，而傾向於家長制專橫與軍國主義者（Radkau, 2009: 92）。

六、韋伯論社會主義和馬克思主義

韋伯在其浩繁的著作中不時論述社會主義，尤其在1918年的〈社會主義〉專文（*PW*, 272-303）中有較系統性的敘述。他本擬在慕尼黑大學1920年秋季學期講述社會主義新課，不料當年夏天流行的肺炎奪走其生命。專文中指出社會主義定義眾多，主要在與私產擁有的制度相對立、相區別，旨在促成社會無階級的存在，人人享受平等福樂。在這個理想的期待之背後，社會主義的落實必然帶來普遍性的官僚化、科層化和私人自由的限縮，他堅決反對這種的社經制度。

在《經濟與社會》的第二章中，韋伯說：資本主義是所有社經制度中經濟的組織和運轉最有效率的一種。這標明他以資本主義對抗社會主義。不過社會主義者卻認爲經濟的重組可去除資本社會分配的不公、物資的浪費和排除工人工作條件的惡劣。事實上，社會主義經濟計畫下物價難保穩定（*ES*, 100-107）。社會主義的精神係立基於自然法和自然權利之上。

韋伯接著說：「一旦社會主義徹底實行，人類要蒙受浩劫。」上述〈社會主義〉專文稱：在社會主義的體制中，國家與私人相互抗衡，權力不致集中一方，但在社會主義的社會中，少數菁英控制大局，決定一切（*PW*, 286）。「私人資本主義一旦消滅，國家官僚體制將單獨統治」（*ES*, 1402）。況且，工人們在社會主義制度下會更爲貧困，因爲他們將面對一小撮團結緊密的權力菁英之故。取代無產階級專政，必定是官員的獨裁（*PW*, 292）。

號稱「科學的社會主義」之馬克思主義在韋伯的心目中扮演怎樣的角色

呢（洪鎌德，2018）？一般而言，他對所謂的馬克思主義抱反感的態度。因為屬於社會主義偏激派的馬克思主義對人類具威脅性，但社會主義也有其正面的作用，在社會科學中要善用馬克思的理念就是應用它於實在、現實的分析之上，尤其唯物史觀當作理想類型來瞭解歷史的變遷，可助人們發現新知（heuristiisch）（Weber, 1949: 103; *CMW*, 132；洪鎌德，1998：212）。他認為凡是研究現代世界的學者絕不容忽視馬克思的建構性理念，特別是凡事都離不開經濟的卓見（*CMW*, III; *MSS*, 68）。他把馬、恩《共產黨宣言》看成是學術最高的成就（*PW*, 287）。不過，他卻批評馬氏不重視非經濟因素對經濟的影響，而卻強調非經濟事物所受經濟的制約（*CMW*, 109）。

對他而言，馬克思主義是一套體系，而非一部叫之即來、揮之即去的計程車。韋伯不滿意馬克思對歷史變遷的軌跡解釋為「規律」、「律則」，而非趨勢、概率（*PW*, 365）。馬、恩喜談「在最終的案例下」、「在最後的分析下」，這些非科學的用詞，都遭韋伯的批駁（*CMW*, 186-190）。

不過，韋伯也常會利用別的學者之新知，改頭換面變成他的思想工具。例如他把馬克思的經濟階級改為社會階層。再說，他不談單數的資本主義，而強調這一體制的複數。以及《新教倫理與資本主義精神》大作中，主張宗教情懷和精神力量，而不單單是物質利益才是催生了資本主義的驅力。

在一次講課的附註上，韋伯說：「馬克思天性上是一位野心勃勃而缺乏同情心的統治者。他相信能夠管制人心，而其目的並不在統治群眾。〔因為〕他瞧不起其同夥與民眾〔之故〕」（Mommsen, 1984: 131n, 163）。

七、韋伯怎樣看待德國中產階級、民主和革命

至其逝世之時，韋伯精深廣博的學問並沒有造成像黑格爾或馬克思那樣作為某一思想學派的開山大師。但「韋伯的」、「韋伯式的」（Weberian）字眼卻代表龐大的理念和現象，用以指涉在社會和歷史研究中某些制度，像國家這一機制應賦予自主和重要地位，當人們想要做因果分析之際；此外，此詞有異於實證主義的分析，是採用瞭悟和詮釋學的途徑去發現事象的本質；這詞也是現代西方社會秩序理性化的表現，也可用以指出國際政治一方面是國家權力之爭，他方面是理想利益之爭，還可以藉這個詞來分辨政治倫理和執政言行，

前者爲政治人物的責任倫理，後者離不開政客的自我評價（炫耀）（Turner, 2000: 1-2）。

那麼「韋伯的」觀點怎樣應用到他對其所處的社會與其出身的市民階級評析之上？他期待結束德國中產階級的貴族統治。中產階級所以歡迎貴族統治是對工人、庶民統治的畏懼（「紅色憂慮」），這點爲韋伯所蔑視，他認爲左翼社會主義政黨是無害的，因爲它最終會變成中產階級。貴族是保守的，甚至是反動的，他們終於把德國推回舊時的體制，使這一歐洲優越民族建立的國度無法變成強權。他一再鼓吹中產階級團結對抗貴族，連學生兄弟會的組織崇尚軍隊上下官階的嚴分，也爲他所深惡痛絕。他尤其反對布爾喬亞之頂端層級大力購買農地，擴大地盤，這無助於國力的提升。只有經濟不斷的成長，才會民富國強。

金錢應投資於工廠公司，而非土地的買賣。他擔心天主教會不善理財，加上非新教（而爲天主教）的國家如奧地利，工商不發達，經濟沒進步，所以反對德國合併奧國（Anschluss）之政策，亦即反對把德國奧地利化（Verösterreicherung Deutschlands），從韋伯在歐戰期中反對德國合併奧地利，便可看出他並非領土擴大、國族無限上綱的帝國主義者。他反對德國輕啓戰端，認爲第一次世界大戰，縱然德國戰勝也無法控制轄下諸少數民族。在1917年系列報紙文章中鼓吹民主改革，以改善1871年第二帝國憲法之缺失。韋伯指出，德國政治問題出於領導之無能，這就是前述他對威廉二世和俾斯麥的批評。

韋伯主張藉由民主程序選出強力領袖，他視民主是魅力領袖的統治機制，是「煽動家貫徹其意志於群眾〔的政制〕（EW, 331）。他說：「民主是民眾各個別階級中形式上的政治權利沒有不平等（之現象）」（PW, 275）。韋伯常把民主與社會主義以及資本主義連結在一起。社會主義關懷工人階級的權益和福利，韋伯主張工人應參與國政，分攤領導的責任。他支持他們擁有罷工權和組織工會權。不過，他最終並不關心工人與社會主義的運動，其政治思考還是聚焦於頂尖的統治建制之上，以致後人譴責其煽動家的民主論爲希特勒的崛起鋪路。

至於民主和資本主義的掛勾，反映了韋伯反對德國保守勢力的心態。一向對資本主義產生、演變、分類大有研究的韋伯認爲資本主義的體系及科技應用是德國的解救（Salvation）之良藥。他視資本主義爲「現代生活中最爲關鍵性的力量」（PE, 17; Weber, 2018）。在諸種資本主義類型中，韋伯津津樂道

的是理性型或稱合理的資本主義。德國在歐戰即將結束的1918年11月爆發了革命，直至1919年8月威瑪共和國憲法生效才結束動亂。革命的原因是百姓在戰爭四年間無法忍受鋒火之苦、敗戰的屈辱，以及出身貴族和市民階級掌權的無能。德國的革命顯然受到俄國革命影響，儘管柏林政府明助列寧從瑞士偷渡回國是十月革命成功的關鍵。韋伯對德國和俄國的革命仍不具好感、不表支持。

八、韋伯論政治的永恆存在

　　韋伯不認爲世上存在過人不統治人的史實，除非那個世界是個烏托邦。不管是人群、黨派或國家的統合和治理，都無法消除爲爭權奪利而引發的爭鬥。只要衝突出現，政治隨之而至。他深信作爲政治動物的人類都得瞭解在現世上政治不能，也不會提供人群走向幸福、公義、和平與救贖之途。他說：「凡走上俗世政治之人必須從幻想中解脫出來，面對基本事實，接受世上人統治人無可避免和永恆的鬥爭」（*GPS*, 29）。鬥爭既要有領導人，也需要跟眾。從而宗教先知和政治煽動家便應聲出現，而盲目跟從者像羔羊般地乖順尾行。

　　人統治人的方式隨時空而變化，在西方先從人對待人（人身）轉而人對待群體（非人身的制度）之關係。但基本的問題始終不變：「何人有能力治國？能人來自何處？如何選出？其領導的理念是什麼？什麼構成其權力基礎？」（Hennis, 1988: 182-183）。

　　儘管政治發生在特定的社會和文化情境中，但韋伯不贊成馬克思把上層建築的政治受制於經濟基礎的說法，這表示政治是可以自主的、不受經濟制約的。德國自18世紀後半以來的政經社文之發展，顯示黑格爾把整個社會分爲上層的政治國家和下層的民間（市民）社會，這一兩分法爲學界所接受。在這種看法之下，民間社會成爲各種理想的和物質的利益爭奪之場域，上層的政治國家則爲權力鬥爭之論壇。有異於黑格爾美化國家在排難解紛和提升倫理，韋伯不認爲政治國家具有調解仲裁的功能。反之，對他而言，國家就像組織嚴密的企業體（Betriebsanstalt），像一座大型工廠在運作，這是西方歷史發展的特色（*PW*, 146）。

　　不過，政治問題最深層的關懷還是如何面對文明的終極價值。韋伯指出價值衝突的無所不在和頻繁緊湊，這點與基督教倫理的「去掉服從的做法」有

關。也就是基督教「去魅化」（Entzauberung）（Weber, 1989: 24）所產生歐洲政治文化的去魔術化、世俗化、理性化。但世間能否達到康德所建議的永久和平，他表存疑，他懷疑人間的種種努力無論是宗教的禮拜奉行，還是政治的推動能夠達成永久的和平。由此可見其政治觀與價值觀無法一致通融。他堅決表示：人活的世界乃是統治與權鬥的實在（Wirklichkeit）。這一實在反映了資源的欠缺，以及你爭我奪的現實。

韋伯政治思想的核心為Herrschaft，此字不僅譯為「統治」，還有「領導」、「駕馭」、「爭雄」、「權威」等意思。由於受到其方法論「價值中立」說法的影響，一般人誤認其政治學說不涉及價值。這種誤會直到近半世紀以來才獲得澄清（Lassman, 2000: 86-87）。

與統治、領導、權威連結在一起的是「正當性」（Legitimität）。怎樣的統治算是正當的呢？是不是與眾人公認的規範相符合便稱正當呢？還是今日法治國以法律為基準才能稱得上正當？顯然韋伯傾向於法治、理性的政制，認為它是正當性的來源。如果這話為真，他何必又要提出另外兩種正當性的統治：傳統型與魅力型的統治呢？這是對韋伯政治思想的批評（Mommsen, 1989: 44-49）。

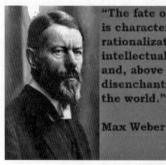

"The fate of our times is characterized by rationalization and intellectualization and, above all, by the disenchantment of the world."

Max Weber

韋伯說：我們命定要生活的時代，其特徵為合理化和知識化，最重要的是我們處在去魅化的世界中

九、韋伯政治思想的評估

那麼我們怎樣來評估韋伯的政治思想呢？

1. 對古希臘文明極為嚮往陶醉之典型中產階級的學者而言，韋伯衷心服膺亞理斯多德所言「人天生就是一個政治動物（ζῷον πολιτικόν; zōon politikon）」，這是指活在古代市邦中的個人，無法脫離人群孤立獨存，必須寄生於社群中。即便是後來取代市邦，居住於東西羅馬帝國，還是生活在近現代歐陸崛起的民族國家中的百姓萬民，也要接受政治的控制和擺布。因為人群生活的周遭都是國家及其官署和官員活動的氛圍，也是人統治人之政治籠罩的範圍之下。國家有疆界的隔離，疆界的內部政治稱為內政，其外部的活動就叫做外交。韋伯強調政治無所不在，也無時不在，特別是存在於古代而延續到當今。

2. 人並非天生平等，本質上聖賢愚劣固然有其出生前基因的傳承，更有後天養育和機遇之不同。是故韋伯強調人群隨處境之不同有上下統屬之階梯式地位。政治既涉及人統治人的行為，就要理解某些少數人位居要津，而其餘大多數人則身處被統治、被帶領的從屬地位，由是指明統治是不平等的人際關係。人的不平等導致被帶領者、被統治者之不自由。為了爭平等、爭自由，人際和群際的磨擦和衝突在所難免。政治源起於衝突、鬥爭，也是講究衝突的解決和鬥爭的消弭之手段或藝術。這些都顯示韋伯平實而具實際的政治觀。

3. 政治涉及的是文藝復興時代馬基雅維利所談：權力的爭取、保持和擴大。韋伯接受這種「現實政治」（Realpolitik）的見解，不單將人統治人的政治看做權力的爭奪，還視為利益分配的影響力之競求。在資源匱乏的現世，人際和群際的競爭、掠奪、詐取、強索等手段，都會引向衝突。衝突及其解決成為政治的源起、過程和成果。韋伯說：「權鬥（Kamp，衝突）是一方有意堅持己見下排除他方反抗，而得以貫徹本身的意志之謂」（WuG, 27）。非暴力的和平式權鬥則為競爭，無論是和平的還是暴力的衝突都是文化生活中無法消除的元素。不但經濟生活中衝突和競爭無處不在，就是在政治的領域中亦然，「政治的本質──就是衝突，亦即盟友和自願跟從者之爭取」（PW, 176）的行為。

4. 中世紀後期，近現代開始，經過三十年（1618-1848）宗教戰爭結束而崛起的民族國家，不僅強調種族、宗教、語言、文化、風俗、習慣的民族特性是成立現代國家之關鍵，更突出領土之重要。從而使民族國家成為領土國家。是故韋伯在界定國家時強調「在一定的領土上享有正當性使用暴力或暴力威脅的強制性機構」（*WuG*, 39）。他此一主張無疑地是受法國政治哲學家布丹在其《共和六書》（1576）一作品中，提出統治者擁有最高與永久的主權說之影響。此一學說及荷蘭公法學者格老秀斯的至高、絕對、不可分之主權論，都在為專制主義的君主統治提供說詞。格老秀斯，在自然法的基礎上彙編了列國的司法判例之《戰爭與和平之法》（*De Jure Belli ac Pacis*, 1620），為國際法奠立基礎，這一著作成為新興民族國家之間排難解紛的規範。這些公法學者政治與法律主張為韋伯所承繼。

5. 在有關國家社會學的營建過程中，韋伯最先受到同為社會學家的滕尼斯分辨「社群」（Gemeinschaft）與「社會」（Gesellschaft）不同的影響，後來才受奧地利國家學說理論家的耶林內克（Georg Jellinek, 1861-1911）的啓發（Breuer, 1999），強調國家不只社群化、合理化、對團體的秩序同意，而進行合作的機構（Genossenschaftlices Verband），還與一般民眾相似擁有公法上的人格（Rechtspersönlichkeit）。這是他從國家社會學邁向統治社會學的先後歷程。這意謂國家不只是機構、社團，還可以化為個別人的特殊行為（Breuer, 1993: 199-200）。這也可以說，韋伯從國家機器談到人的政治行為。

6. 人的政治行為對韋伯而言，乃是「人統治人」的社群化行為（Vergemeinschaftshandeln）。社群是其成員自動自發（有時則是被迫）透過本身的意志，形成習俗、慣例，追求群體的團結一致，從而形成社群的秩序。秩序的合理化，是社群得以長保存在的因由。與此相反，社會是靠磋商、協議、訂約、立法形成的。這裡韋伯比起滕尼斯更強調合理化，認為社群化行為是根本，其後經由合理化才衍生在社會化的行為。藉由社會愈來愈合理化，本隸屬於社群化的國家變成了社會化的產物。既然人統治人的行為是統治社會學的主題，而三種正當性的統治中，強調人與人的關係無過於魅力領袖與群眾的關係，這是韋伯津津樂道卡理斯瑪和魅力領袖之緣由。偏偏魅力領袖的說法，容易淪入個人崇拜和造神運動的弊端，也與他主張民主的心志相

違，這也是引發爭議之所在（Baehr, 2008: 11-116）。

7. 作爲傾向英國議會民主的自由主義者之韋伯，對德國第二帝國的國會之表現相當不滿。正如前面所敘，韋伯指出，德國政治問題出於領導之無能，這就是前述他對威廉二世和俾斯麥的批評。韋伯對第一次世界大戰最先充滿興奮和信心，但美國參戰之後，便知大勢已去，德國敗戰難免。他公然批評德皇做秀太多，受大批庸碌之徒包圍。整個德國領導層無改革能力，也無法瞭解俄國二月革命的意義。在死前五年內他關心人對人的統治和現代國家的重要性。他也爲《法蘭克福通報》撰寫了〈過去和未來德國的國會〉，這成爲戰時檢查制度下「學院式的」文章，在此情況下沒有必要去區分日常政局評論者和深思熟慮的學者的二重身分。至於韋伯常搖擺在「現實的當前和遙遠的過去」兩端，是舒路赫特（Wolfgang Schluchter）對他爲學的批評（Schluchter, 1992: 6 ff）。不過看出他談現實政治常採用古羅馬，與當代（政制）、歐陸與英倫（國會制）、德俄（赤色奪權革命）的比較方式。

8. 韋伯談凱撒型的領袖制度時，一反19世紀德國普遍以貶義在看待法國拿破崙三世，認爲他由民選總統變成法國的皇帝，欠缺皇朝繼承的正當性。但韋伯卻頌揚拿破崙的侄兒（拿破崙三世）有本事從普選的總統制復辟到君王制。其後他依循理想類型和辭典字義把凱撒制度改成符合社會學科學名詞。從古代家族中的頭目到今日工業社會煽動家的發號施令都是這三部曲的複製，即便是現代的凱撒式魅力領袖之統治，無論是有產者（資本主義）的國家，還是無產階級（社會主義）的國家，最終全社會必然面對正當化暴力的壟斷。

9. 韋伯在人群的社會行動中，分辨「政治取向的」和「政治的」行動，前者爲爭取權力或影響權力的行動；後者爲政治人或政治群落有組織的行動。前者爲「政治組織（團體）對政府施行的影響，特別是剝奪、重新分配和分配權力之謂」（Whimster, 2004: 54）；後者則是「政治群體實際的、有組織的行動」（ibid., 55）。現代分析社會的政治氛圍是充滿理性，現代政治人（homo politiucs）也是合乎理性分析（ibid., 333）。韋伯在分析國家與統治時，正是他對政治社會學最大的貢獻之所在。尤其是韋伯對三種權威和統治的定義特別著名，儘管有上述Mommsen的批評，這些觀點都是《經濟與社會》最精彩的成分。

10. 韋伯在論述現代政治關係時指出：兩股革命性的力量形塑當代政治，一方來自外頭的理性主義；另一方來自內部的卡理斯瑪。也就是現代社會裡有理性和魅力的兩大勢力所激發的基本緊張，亦即非人身和人身暴力之衝突。在不同的政治秩序下，公民必然對正當性的信仰懷抱不同的看法和信守。就在他上課的慕尼黑（當時正在鬧左派革命），也就是巴伐利亞共和國既有「蘇維埃，又有擁護君主，更有贊成民主體制者」，他們彼此對抗和拚鬥，爭取符合憲法正當性的信任。在他晚年最後的一堂課中，他提出人群組合政治團體的泛宇兼歷史人類學的步驟。第一步，人採取任何行動都是他（她）對此行動會賦予對其個人主觀的意義，政治行動可以解釋為統治者主觀性要求被統治的服從；第二步，所有的社會關係都是拚鬥，韋伯說：「文化生活中無法排除鬥爭」（Weber, 1976: 517）；第三步，鬥爭的過程和結果呈現制度化，恢復和平與秩序。至於韋伯對民主、國族、政治社群、政黨、公民群體、領導層和官僚制度的社會學分析和論述，在在彰顯他政治學的卓越不凡。

十、結論

綜上所述，韋伯的政治思想是零星的、片斷的、不成套的。其原因大約如下：

第一，韋伯除了認真處理國家社會學、統治社會學、行政社會學之外，偶然提及政治社會學。但對政治沒有完整的論述，更沒有發展成一套系統性的理論。後人對他政治觀的析評常是研究者的觀點，而不見得是韋伯的本意。

第二，韋伯的政治思想和他的政治參與常混雜在一起，這與馬克思所言理論與實踐合一，大有距離，甚至是兩碼事。例如他對瑙曼影響重大，一度也加入其創立的德國民主黨，但對瑙曼保皇心態與海軍擴大主張大為反對，顯示他政治行動與理念的矛盾。

第三，韋伯的政治理念來自家世、學思、實習、調查、教學、報導等，也與其內心慾望、情色（eros）、力必多（生之慾）有關，否則他不至在通訊裡向其情人拓璞樂指出，政治就是男歡女愛的「祕戀」、「偷情」。這種把政治

視爲男女婚外情的特殊關係，只能說是大思想家的幻想，而非常人所能言及。

要之，對韋伯而言，政治是利益的衝突、權力的角逐、影響力的分配之爭奪，這種衝突及其解決成爲政治的內容，衝突和鬥爭存於人際、群際、國際之間，這是政治無處不在、無時不在的因由，權鬥之目的在達成人對人的統治。

恩格斯期待未來的共產社會中「人對人的統治爲人對物的管理所取代」，馬克思也期待屆時「國家會消亡」，這些主張都被韋伯斥爲烏托邦。

從靜態的、結構的面向來看待國家，則視國家爲正當性獨占公權（暴）力的組織和機制；如以動態的、功能方面來觀察國家，則國家的活動和行爲無異爲機構的運作、機構的企業，這一部分國家的活動和行爲便可視爲政治、政治的（das Politische），或稱爲政策（Politik），這是韋伯政治觀的大要。

位於海德堡墓園中韋伯墳墓的石碑　　　　　　法律社會學手稿

恩格斯和馬克思的言行受到韋伯的評論

第三章

韋伯國家觀的探討

Max Maximilian Weber

第三章　韋伯國家觀的探討

一、前言

一談到「國家」（state〔英、美〕、Staat〔德、荷〕、état〔法〕、estato〔西、葡、義〕、Staate〔瑞典〕）歐美的學者會採用字源學的方法，指出其字源來自拉丁文 *status*。至於俄文 Государство 依據字源學係來自古代露西（基輔公國）君王之統治（государь），此點顯示斯拉夫語系和西歐拉丁語系的不同。*Status* 意指情況、條件、法律地位、資格、社會位階的意思，古羅馬西塞羅曾談及 *status rei publicae* 一詞便涉及君王的身分或其隨扈、附庸、公侯之法律地位。其後此詞轉變爲社會上下統治和隸屬不等（hierarchy）的社會位階。及至17世紀和18世紀法王（太陽王）路易十四居然妄稱「朕即國家」（*L'Etat, c'est moi*），可說是國家的擬人化、人身化，也是專制集權主義（Absolutismus）之巔峰。

二、西洋傳統的國家學說

韋伯的國家觀，明顯地來自15世紀與16世紀有關君主專制統治的權力之思想家的主張。最早強調君王之職責在爭取和保留權力之思想家中，最著名的人物爲文藝復興時代外交家、劇作家和政治思想史上重要角色的馬基雅維利。馬氏主要的作品爲《君王論》（*il principe*），其中他強調爲人君者要狡猾如狐狸（volpe），又要擁有獅子（leone）般的強勢，爲達目的不擇手段。爭權與抓權是君王維持個人聲譽、長保政權、穩固統治的不二法門。這種講究強勢和狡

羅馬帝國的統治者

路易十四被稱太陽王

猾手段的政治現實之想法，是與古希臘亞理斯多德視政治活動與立國目標在達致至善的理想主義完全背道而馳的，這也是馬基雅維利重視權力（potere）和治術遭受後人批評的所在。

其後，法國政治哲學家布丹（Jean Bodin, 1530-1596）在其《共和六書》（*Six Livres de la République*, 1576）一作品中，提出統治者擁有最高與永久的主權說，爲專制主義提供說詞。差不多同一時期，荷蘭公法學者，也是國際法的先驅格老秀斯（Hugo Grotius, 1583-1645），在自然法的基礎上彙編了列國的司法判例之《戰爭與和平之法》（*De Jure Bellis ac Pacis*, 1620-1625），這一著作顯示在爲1848年威斯法利亞和平條約簽訂後崛起的民族國家之間排難解紛的規範。

隨後，霍布斯（Thomas Hobbes, 1588-1679）目睹英國內戰的慘烈提出國家權力至高論。就像力量巨大無比的海怪《力威憚》（*Levithan*，又譯利維坦，1651），國家是在結束人人相爭、每人隨時可以猝死的恐懼，經由眾人的協商同意下簽定社會契約之產品，也就是人群脫離無人管理的自然狀態進入集體維安的文明社會之始。國家一旦擁有掌握人民生死大權的主權，人民不得不向代表國家主權的政府輸誠降服。主權或賦予一人（君王）或一群人（民意代表組成的國會）。人民的反抗權只有在保護己身不被殺害而脫獄成功，或群起反抗暴政選出新的主權者時才可適用。由此可知主權者必須取得被統治者的信賴與同意才會正當化其權力的行使，這點由後來的政治理論家洛克（John Locke, 1632-1704）加以發揮，並提出自然狀態結束的社契（社會契約）說。

霍布斯的《力威憚》　　　　　洛克及其《政府二論》

　　對洛克而言，自然狀態並非你死我活的相互殘殺之危險狀態，而是球員兼裁判的官署難保客觀和公正之「不方便」（inconvenience）。因之，在《政府二論》（1690）中強調「統治的基礎建立在被統治者同意之上」（Government is based on the consent of the governed），亦即政府的存在依靠人民的信託（fiduciality: trust）。這奠下英國議會政制和民主法治的典範。

　　上述荷、英政治學者的國家權力說也影響國家尚未統一的康德、黑格爾的倫理觀和國家與社會分立說，更影響韋伯的上代與同代的公法、法律、經濟和文化之學術界、輿論界、文藝界的思潮。19世紀下半葉和20世紀初流行德奧的「國家學說」（Staatslehre），都是注意國家統治的正當性、國家的社會和經濟基礎、國家實行統治的法律設施與司法運作等議題（Hübinger, 2009: 17-32）。與韋伯同時執教海德堡的同事兼好友之耶林內克（Georg Jellinek, 1851-1911）是國家學說的權威[1]，他的著作成為德、奧、瑞士大學乃至日本和1960年代台灣最受歡迎的教科書。除了國家理論對韋伯有所衝擊之外，其著名的「理想類型」（Idealtypus）[2]也得之於耶林內克之啟發（Weber, Mariane, 2009: 341; Radkau, 2009: 258-259）。

《一般國家學說與政治》

耶林內克

《韋伯傳》

---

[1] 耶林內克在國家觀方面影響韋伯國家觀之處頗多，計有國家所追求的目的、國家是統治的形式、國家行為最後要取向於人群的活動、國家與法律和合理性的關聯（參考Anter, 2014: 218。另參考Breuer, 1999）。

[2] Idealtypus過去都被譯為「理念類型」，但在韋伯的文本中卻把Ideal和Idee加以分辨，而指出理想類型是純粹類型，俾把實在現象之形式概念化、抽象化，在強調現象符合意義下，單方面的誇大提升其要素。它是思想的圖像（Gedankenbild），是一種烏托邦，一種理想狀態之影射，故應譯為「理想類型」（Weber, WuG, 7, 14）。

三、歐洲中世紀與19世紀以來的國家演展

　　從小接受文科教育的韋伯對古希臘和古羅馬的文化與歷史極爲熟悉和愛好，所以他有關古希臘的城邦（πόλις）和古羅馬分成西羅馬和東（拜占庭）羅馬的帝國（Imperium）也有深入的研究，這顯示他後來有關古代史、古羅馬法、古代猶太教、古代商貿活動與中古北義大利的商會、行會的精闢論述（Kaube, 2020: 78-85）。神聖羅馬帝國（962-1806年所謂的第一帝國）統治下封建主義盛行的時代，封建主義不只盛行於中古，連古代也出現過這種統治方式，其特徵爲統治者（帝王、君王）藉采邑與封地賜給公侯（Lehn; fief），換取納貢繳稅和派人從軍，從而使上下統治與附屬（統屬）關係得以維持。封建主義制度的上下不平等（hierarchy）的人際關係一直延續到今日的社會結構，成爲韋伯念茲在茲的問題（Waters and Waters, 2015: 17）。

　　韋伯曾分辨不同類型的國家，如早期的宗族（Clen-）、繼承（Patrmonial-）、力役（Lehn-）、等級（Stännde-）、商貿（Handel-）、權力（Macht-）等的國家（Staat）。17世紀中葉以來以語言、民族、宗教、領域和風俗習慣相似爲基礎崛起的民族國家（Nationalstaat; nation-state）[3]，特別是講究統治（Herrschaft）、權力（Macht）、暴力（Gewalt）、秩序（Ordnung）、行政（Verwaltung）、官僚（Bürokratie）、政治（Politik），成爲韋伯津津樂道的名詞和話語。

　　19世紀上半葉的德國領土分裂，仍處於王國、公國、侯國、自由港市、共和國分崩離析中，雖繼承神聖羅馬帝國封號，但連一個統一的民族國家都未成立，而卻陶醉於歌德詠嘆的「詩人與思想家的國度」（Das Land der Dichter und Denker）之美夢中。後來俾斯麥在普魯士君王大力擴充領土下，發動普丹、普奧和普法三場對外戰爭後，才完成德國全國的統一。時爲1871年，當年韋伯才七歲。對於這位縱橫捭闔、氣吞山河的「鐵血」宰相及其遺產，韋伯沒有好評。除了把他看做凱撒式的人物（Caerist）之外，有關他沒有好好教育人民對政治事務的關懷，反而還灌輸給他們過度的愛國精神和國族優越觀念頗爲

---

[3]　不過，在民族與國家兩者之間，韋伯還是把國家放在前頭，因為它為政治的同義字，是政治的主體，是統治的機構。反之，民族為血緣和地緣的群體。

反感（*ES*, 1392; Baehr, 1988），認為這是為後來德國人的自大狂妄，發動歐戰而慘敗埋下了種子（*ES*, 1381-1469）。

第一次世界大戰（歐戰）

　　第一次世界大戰德國戰敗，被迫割地賠款的凡爾賽和約儀式上，韋伯以政府任命社會賢達的身分參與，使他這位多少帶點日耳曼民族主義而傾向自由主義的開明人士感慨和悲憤交集，回國後積極投入威瑪憲法之起草，促成威瑪共和國的誕生（Radkau, 2009: 511-519）。他主張效法美國由公民選出強力的總統以對抗聲勢壯大的官僚體系。威瑪憲法第48條賦予總統緊急處分權，是韋伯所捍衛的條文，但這卻鑄成大錯，成為他死後希特勒奪權的藉口，這算是歷史的弔詭（Eliaeson, 2000: 141）。

威瑪憲法之起草與條文

　　另一方面來說，好搞玄虛抽象的理論家的韋伯居然變成面臨複雜多變精明的政治家，成為把理論付諸實踐的典例。要之，歐洲兩千年的演變史加上德國各邦的統一，第二帝國半世紀的興衰、威瑪共和國的崛起提供韋伯豐富的經驗和史料來建構他的國家社會學理論。

四、韋伯爲國家下定義

　　韋伯認爲國家是人群「文化生活中最重要的構成要素」（Weber, 2004: 371）。他談到國家時使用了「理性的國家」（rationaler Staat）一詞，指的是西方近現代的國家。這是由於他強調西方（Okzident）文化優於東方（Orient）文化之處（Love, 2000: 172-199），在於西方人擁有理性（Rationalität），因而形成理性主義（Rationalismus）（Waters & Waters, 2015: 7 *ff*），以及對事物的處理在使它理性化（Rationalisierung）。這涉及深思熟慮、估計利害得失、以何種的手段達成既定的目標的工具性思維。理性化可以說是追求合理的成長與發展之意。另外，視事物的演變事先可資預測，也是合乎理性的表現（Brubake, 1984: 2）。韋伯指出節欲刻苦的理性主義（asketischer Rationalismus）是促成西洋文化變遷最具潛勢力的工具（Weber, *PE*, 182-183）。是故他喜談合理的宗教、合理的資本主義、合理的國家等。

　　在其大著《經濟與社會》（Weber, 1964[1922]）的開端和結束，韋伯都在以瞭悟（解釋）的社會學（verstehende Soziologie）之觀點來析述國家社會學（Breuer, 1993: 199-219），其主角乃是理性的國家。首先，他把國家視爲統治團體，「在特定地域、領土上藉其行政人員採取暴力的應用或強制施行的威脅，而使（統治）秩序及其效準得以維持和證實。國家該是政治性的機構運作（Anstaltsbetrieb）之謂。只要它的行政人員成功地主張利用正當性的形體上強制力的壟斷，便能夠有效遂行（統治）秩序（之維持）」（*WuG*, 39）。

其後，他提示現代相互競爭的民族國家促成資本主義的崛起，國家與資本之結合乃是合乎統治秩序結合的結果，也造成市民階級（公民社階）（Bürgerstand）的出現。國家是一種政治團體，他再度爲國家下了如下的定義：

> 國家係建立在使用正當（或被認爲合乎正當性）的殘暴（Gewaltsamkeit）之手段來達成人對人的統治。爲了使它〔國家〕能夠存在，被統治者必須服從聲稱擁有統治權的統治者——〔靠的是其內在正當化辯詞和外在（暴力）的手段〕。（*WuG*, 1045）

從上面文本的引用，我們首先明瞭國家是最高的統治團體，是一種有組織的機構（制度），其運作可謂在發揮統治的功能，故稱爲Anstaltsbetrieb，這是從功能性、能動性、動態性（dynamisch）來看待國家。反之，以結構性、固定性、靜態性（statisch）的角度來看待國家，則可視國家爲「運作的機構」（Betriebsanstalt）（Dusza, 1989: 76）。

此外，韋伯上述國家定義除了界定國家擁有排他性、壟斷性的最高權力——主權——之外，可以藉正當性的辯詞來使暴力的行使和強制的威脅合理化，難怪在小市民的眼中，國家不僅是統治、壓迫的暴力機關，還是利用正當性、合法性來做其統治的辯護、飾詞。由此引申的幾點是：

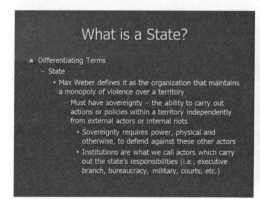
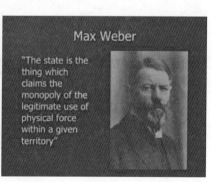

韋伯爲國家下定義（英譯）

1. 在其領土上，國家擁有對人與對地最高管轄權，這顯示民族國家為領土國家（Territorialstaat; territorial state）；

2. 國家的公權力，其實是獨占的、合「法」的，亦即「正當性」的暴力；

3. 統治機器及其成員所使用的手段有物質（形體上的壓迫），也有理念（合法、合理和正當性）的，也有兩者混合體（風俗、慣習、風尚、流行）；

4. 藉合理的憲法，使國家器官（Organ）之權力分立和制衡，也保障統治高層人事的安排；

5. 行政與立法機關聲稱要壓縮當局的權威（Authorität），使國家的主人之公民的權利不受侵害。實際上各機關之行為都依其法定職權來行使；

6. 行政官員及其幕僚的職權與任免，按規範的法令操作；

7. 任免秩序的改變仰賴法律制定（Satzung）的立法程序（*WuG*, 1044）；

8. 組織化的活動（機構的運作）取向（orientiert）於行政人員對前述秩序之執行；

9. 造成國家在結構上特殊（particular）是由於國家的本質使然。至於它在歷史上出現的獨特性（unique），則是發生在近現代特定內的時期之緣故（Dusza, 1989: 75）[4]。

五、國家定義背後的深層思維

在給國家下定義的同時，韋伯討論的是環繞德國周邊的民族國家以及超越大西洋對岸新興的美國。他的國家觀是放在現代世界，特別是20世紀歐洲社會的框架下概述性、觀念性的抽象分析，也是結合他廣博的社會科學知識，從

4　以上幾點，部分採用Karl Dusza作品的說法（Dusza, 1989: 81），但其餘則由筆者參考韋伯的原作引申而得。

哲學、法學、政治學、社會學、經濟學、社會心理學來給國家做周全與完整的描繪[5]。在其《經濟與社會》巨著的最後一節（第八章第八節）第1034頁至第1102頁短短68頁裡的篇幅中，韋伯只簡略地論述國家社會學中最重要的幾項要素，包括理性國家的崛起、作為統治團體的理性國家正當暴力之壟斷、國家統治運作之機關的行政、領導和官僚、政黨及其組織、議會和領導之選拔和議會與民主。這是他的國家社會學撰述的開始，而非完成（Breuer, 1993: 199-219）。無法完成此一研究計畫，固然如前述，與其早逝有關，更與他並非一位建立系統性學說的開山大師有關（Anter, 2014: 217）。

（一）**國家的目標**：韋伯認為每個國家在每一時期都有它追求特定的目標，特別是社會（民生照顧）和文化（藝術倡導）以及政治秩序（安全保障）的關懷（*WuG*, 39-40）。此外，國家的行政人員致力於統治「秩序」（Ordnungen）之維持，秩序意謂國家的安全和人民生活的安定，這也可以說成立國家目的之一。這裡秩序是複數，表示各國和各時代都有其秩序，顯示國家的目標隨時隨地都在變化和擴張。其後，他把國家的目標改成國家的職能（Funktionen），俾符合他把國家定義為機構「運作」，運作就是經營，就是企業操作。換言之，不是以目標、目的來定義國家，而是以手段、工具來界定國家。

（二）**國家似企業營運**：韋伯把國家和其行政官僚的職能看做機器的運作（*MWG*, III/6: 208, 262, 372），這是因為他採用國家機械論（mechanism），視國家為一部大機器、大工具。國家本身無目的，而是群體生活的手段，只具功能而已。其創始人為馬基雅維利，其後培根、霍布斯、盧梭加以援用。相反的主張為亞理斯多德，把國家當成有生命、有內在目標（τέλος; telos），是人群生命共同體（超級生物）。這稱為國家生機說或器官（官能，organism）論。韋伯認為機器，是協助工人生產的工具，把人和機器結合而賺錢的事業便是企業，他曾給企業下了簡單的定義：是人群「持續有目的之行為」（*WuG*, 85），認為企業中「機器化和人遵守規矩的結合」（*WuG*, 686）。國家無疑地是其

5　韋伯除了熱議第一次世界大戰前後的德國、法國、英國和美國的政局之外，也對爆發十月革命，世上第一個建立社會主義之俄國有所論述。對於十月革命的左翼思想對德國社會民主黨的衝擊頗為擔心。新興的蘇維埃政權可能效法帝俄對外發動侵略（Weber, 1995; Mommsen, 1989: 83）。

境內最高和最大的統治機構，更是人群為社會維安（秩序維持）之集體行為，其運作有如大企業、大公司的經營，而其經營管理必須符合企業組織原理，這也是英美法德等理性國家治國人才常來自工商界大亨的因由。

（三）**國家是人群行為的表現**：韋伯除了靜態式把國家看成類似公司、行號的統治機構或制度以及企業的營運之外，還以動態的方式縷析統治（與被統治）所涉及人群之社會行為。據他對社會行為的解釋為牽連到與別人交往，涉及別人的行為時，以期待和預測別人的行為作為個人下一步行動取向之指標，亦即採取和調整本身下一步的行徑（*WuG*, 3）。這是有異於馬克思和涂爾幹的方法論集體主義，以宏觀的看法大談人類的解放和社會良知等集體性的社會現象，韋伯採用方法學的個體主義，從個人的行動說起，專注在微觀的人際關係上建立他的社會學理論（Weber, 2012）。是故國家這部大機器、大企業之運作本質上乃為「人統治（管理）人」的社會行為之表現。人統治人、人管轄人對韋伯而言，顯示人際關係的不平等，一方是發號施令者，他方是遵守命令者，難怪韋伯定義「統治」（Herrschaft）是「某一特定內容的命令受到某群人服從的可能性（機會、概率，Chance）」（*WuG*, 38）。能夠貫徹命令獲取服從靠的是發令者的「權力」（Macht）。「權力是一種可能性（機會、概率）在社會的關係中使自己的意志對抗別人的反對而得到貫徹」（*ibid.*）。剛好統治和權力正是韋伯國家社會學的核心概念，都是涉及人際和社會的行為，所以他認為國家在國內和國際並不展現其行動，而是組成與代表國家的領導者及其百姓的個人行動和互動。代表國家行使權力者乃是隸屬於國家機器之下的官僚制度，它倚賴理性的法律體系奉公辦事，從而保護諸個人（作為社會行為之主體）的權益（Axtmann, 1998: 33）。

（四）**正當性統治的三種類型**：韋伯把正當性的統治分成三種類型：1.傳統的；2.魅力型（charismatisch，卡理斯瑪）的；3.法律兼合理的統治。傳統的統治建立在人群深信傳統的神聖性和領導前輩依過去慣例來執政，而值得模仿。魅力型的統治，則是基於統治者的特殊才識（天縱英明），擁有迷人的魅力，可以實施人治。法律兼合理的統治則是依靠立法的理性程序選拔領導人，進行法治。在此可以看出國家主要的職能為正當性的統治和正當性的使用暴力（*WuG*, 167-188）。正當性

（Legitimität）爲韋伯社會學說的重要概念。涉及統治的三種行動者有統治者、官僚和公民，對現存社會秩序之相信，使其效力（Geltung）獲得保障，這都可以視爲正當性的體現。換言之，無論是風俗、慣例還是法律能夠受到相關人員的信任，都表示這些規範符合正當性。至於這種相信的動機來自本身的利益考量，或害怕不信會遭受暴力的報復，都不影響其正當性之存在（*WuG*, 24-26）。一個國家或一個朝代如無法保障其統治的正當性，則政權無法維穩，而常要訴諸暴力或鬥爭。總之，正當性意涵統治秩序最後建立在法津的有效性之上，亦即相信現行法律具有拘束力之上（Lassman: 88）。

韋伯三種正當性統治的圖表解釋（英譯）

（五）**國家對暴力手段的壟斷**：國家是領土內唯一擁有正當性使用暴力的機構，這種特性爲近現代國家的特徵。在〈以政治爲志業〉一文中，韋伯甚至說沒正當性的暴力就沒有國家的概念可言，因爲國家不是消失，便是陷於無政府狀態中（Weber, *PW*, 310）。他還指出這種暴力是對人身造成傷害的形體上暴力（physische Gewalt）。傳統上歐洲各種各樣的政治社群（國家）的成立無不靠暴力及其施行，也藉暴力來保護其利益（*WuG*, 516）。現代國家誕生於16世紀，也是使用正當性形體上暴力之開始。韋伯並非暴力的衛護者，而是得自長期歷史的研讀而獲得的結論（Anter, 2015: 26）。歐洲史上各種政治團體其成立無不訴諸暴力。在他的心目中，暴力不只有毀滅性，更具建構性，現代學者接受韋伯的見解，視國家爲統治秩序的來源，顯然是它立基於暴力手段的壟斷之說法。爲此，他們或把國家看做社會福利的工具、社群發展的引擎，或掌

權者掠奪的手段。但最近的研究卻指出國家這個有組織的暴力團體，在平衡社會各種相互衝突的勢力下才能促進社會的福利（Bates, *et.al.*, 2002: 600）。

六、現代國家形成與崛起的理論

西洋國家哲學和國家社會學涉及國家的形成（Bildung; formation）和崛起（Entstehung; emergence）說法，簡單地表述，可濃縮為下列幾種的理論：

（一）**自然演化論**：亞理斯多德指出國家是人群集體生活從最小單位的家庭、家族（滿足夫妻食色的人性需要），擴大到村鎮的社區（滿足人群交易互換的需要），最後又擴大到國家的層次，其目的在滿足公民追求道德倫理的需要。這成為其後黑格爾論述家庭、社會和國家的演化之國家生成論。此一理論，符合他精神步步上升的辯證過程之精神現象學（洪鎌德，2016：280-300）。

（二）**自動自發論**：由於人天生就擁有理性，故樂意把集體生產的成果與別人分享，導致社群的產生。魏復古（Karl August Wittvogel, 1898-1988）討論馬克思「亞細亞生產方式」的「水利帝國」（hydrautic empire），認為黃河、恆河、尼羅河和兩河流域建立的古國都與水利和灌溉有關，由於灌溉的便利，舒緩人口膨脹的壓力，大家自動自發自願聚居，遂組成權力集中由中央控制的灌溉管理委員會，由此逐漸發展政府的組織，終而形成國家。

（三）**社會契約說**：如上述霍布斯、洛克和盧梭主張初民生活在危險、不便利、無知識的自然狀態中，也就是無法制、無規矩的國家未成立之前的自然狀態中。為防止自然狀態中人對人群生命、財產和自由的威脅，人群利用天生的理智來磋商協謀，共推一位（組）中立的第三者來排難解紛，並賦予裁決執行的權力，這便是官署的出現，由是人類遂告別野蠻而進入文明，國家隨之誕生。

（四）**社會經濟層化說**（socio-economic stratification）：馬克思師承摩根《古代史》提出亞細亞生產方式，強調太古土地全歸統治者所有，君王成為全國唯一的地主。後社會變成主奴兩個對立階級的奴隸社會，這就是社

經層化的開始。擁有私產（土地、錢財、奴隸）的上層階級爲保護其既得利益，避免與奴隸階級陷入無休止消耗性的階級鬥爭，甚至玉石俱焚，遂建議成立公平的調解委員，這是官署成立的開端，也是國家的興起。這是恩格斯的國家起源說（洪鎌德，2014：357-396）。

(五) **衝突征服說**：波蘭社會學家龔普洛維次（Ludwig Gumplowicz, 1838-1909）提出古代部落的衝突和爭戰，使強勢者征服與併吞弱小者，而建立了有統治階級壓迫被奴役階級之國家。其後演展爲菁英擴權壓迫少數民族的種族鬥爭。在強凌弱、眾暴寡的天演論下，國家成爲「降服〔少數民族〕的機制」（Unterwerfungs-Institution）。此外，德國原來學醫和行醫，後來改讀經濟學和社會學，而成爲法蘭克福大學首任社會學講座的歐本海默（Franz Oppenheimer, 1864-1943），在其大作《國家論》（1929）中，標明使用征服論來談國家的產生。他說國家是一種多群體爭勝的社會制度，其中勝利的群體壓倒被征服的群體形成國家統治的對象與領域，俾對內鎮壓反叛和對外抗拒侵略。統治的目的在進行經濟之榨取。由是看出近現代的國家乃是階級的國家（Oppenheimer, 1996: 12）。

Origin of the State

* Four theories try to explain why states came into being.
* **The Force Theory**
  o One person/Small Group claimed control over an area and forced all within it to submit to their rule.
* **The Evolutionary Theory**
  o State developed naturally; Primitive family where one person was head of the "government" and evolved into a network of related families; Once agriculture was developed and people were tied to the land the state was born.
* **The Divine Right Theory**
  o God created the state and God had given royal a "divine right" to rule.
* **The Social Contract Theory**
  o The state exists to serve the will of the people; They can choose to give or withhold power.
  o People give up some of their freedoms to a government in exchange for safety.

國家源起的四大學說（武力論、演變說、神聖權利論〔君權神授〕和社會契約論）

七、韋伯國家生成說

對於上述國家生成說，韋伯有哪些看法、哪些評論呢？鑑於他重視科學的、經驗的、歷史的國家制度之考察，不可能單單採用自然演化論、自動自發論或社契說來談國家的生成演變。他論述過古代以來世襲國家、中古封建時代的等級國家（Ständestaat）、近代商貿國家（Handelstaat）、民族國家（Nationalstaat）、法律國家（Rechtsstaat）時，上述三說有時也會混用。再說，雖然他曾提及階級團體（Klasenverbände）（*WuG*, 223）與階級革命（Klassenrevolution）（*WuG*, 224）等，但不提階級國家（Klassenstaat）。從此，看出他不同意馬恩的階級鬥爭產生國家之說法。不過，雖說他對馬恩的歷史唯物主義有所批評，有所補充，也有所讚揚（洪鎌德，1998：26-31），但對國家的基礎立基於經濟，特別是近代民族國家的崛起促成資本主義的興盛卻有所同感。

對韋伯而言，西方（歐洲）的歷史和國家是一串「偶然」的組合（Weber, 1949: 102-103）。國家作為統治機構之出現並非像黑格爾所言絕對精神的登峰造極；也非馬恩唯物史觀中客觀律則的落實。國家是西方世界特殊歷史的產物（歷史上獨特的現象），構成歐洲史獨特之徵象有下列幾點：

1. 蠻族定居後繼續維持武力與統治的組織；
2. 西方自由式的封建主義，封土和采邑的賦予建立在契約上，換取領主擁有指揮、命令的權力；
3. 這種主僕關係演展為君王與臣屬（擁有土地的等級幕僚）之關係；
4. 西方基督教的特質（不帶有神怪、魔幻、巫術的作為）有利於其後政教分離；
5. 現世統治的羅馬帝國（Imperium）與管轄來世靈魂得救的天主教會（Sacerdotium）彼此爭權而引發衝突，而削弱雙方的權勢，便利地方的割據稱雄；
6. 聖神法和羅馬法符合理性的特質，有利於其後法治的倡說與推行；
7. 類似公司行號經營方式，又兼具機構性、制度性的組織，配合普世精神的大型組織，使天主教會逐漸世俗化、建制化，也醞釀了其後宗教的改革和新教的興起；

中年韋伯的肖像

8. 西方城市是「宣誓的兄弟會」（sworn fraternity）擴大而成，也是獨立自主的社群。這是歐陸除了出現王國、公國之外，還有自由市之原因；

9. 資本主義利益的追求不受限制：理性的資本主義隨理性的國家一齊興起。不像東方統治者把權力分散給諸侯（Love, 2000: 172-199），歐洲君王集中權力於一身，皇帝高高在上，多重下屬的機構之運作無非在保障中央權力之集中。但其後各地封侯勢力竄起，挑戰皇帝的大權，成為獨立的地區之領主，甚至占地稱王。但這些領土上建立王朝的君王，卻與其下屬的公侯、臣屬、地主、庶民等級組成的民間團體發生衝突，最終發展爲等級國家（Ständestaat）。韋伯解釋歐洲等級國家間之相互競爭，導致各領土國家權力集中於其國王手中，加上主權的對外宣稱和對內主張，最終造成國家的興建（Staatsentstehung; state building）。

八、韋伯國家觀之影響

　　韋伯國家觀的核心概念爲統治機構的正當性行使暴力，其衍生的概念爲主權、統治、領域、權力、權威、行政官僚等。換言之，可以把他的看法濃縮成機構的架式（結構）和統治的運作（功能），前者爲靜態，而後者爲動態。在此一靜與一動之間影響了其後德國保守公法學者、憲法專家舒密特的國家獨裁論。

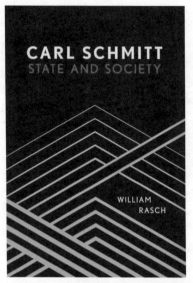

舒密特的著作《國家與社會》以及《當成政治的法律》

　　此人曾爲著名納粹分子，二次大戰後爲美軍所俘入獄一年。他初期鼓
吹威瑪憲法規定下的總統擁有緊急處分權，是接近獨裁制，這比議會散漫冗
長的議而不決更具政治效率。這點與韋伯對議會的瞭解不經意、不甚熱衷
（dispassionate）頗爲相似（Schroeder, 1998: 7）。以國家主權之至高無上和
無法讓渡引申到「政治的」（politisch）是有異於一般所言的政黨「政治」或
「政策」（Politik）。「政治的」乃爲「政治」或「政策」的核心，涉及敵我
關係、敵我態度（洪鎌德，2013：111-113）。正如教會在宗教、經濟在家庭
的重要地位，國家在政治上也扮演重要的角色。

　　美國社會學巨擘帕森思和梅爾頓的結構功能理論是受韋伯啓發而演展的
大理論（grand theory），一度在北美和全球各地之學術界引起矚目。國家是
社會體系之一，其重點在呈現統治機關之結構與功能，包括國家在內的社會體
系是個人的行動的綜合。個人的行動意涵選擇和自由，但社會體系卻有規範
（norm）、有目的（telos），對個人的自由有所限制，這就是自然與必然的對
立。帕森思說：結構包括價值觀、社會規範、集體行動與個人角色四要素。而
社會功能也有四種：其一適應，使國家範圍內的大社會能夠適應外來環境的
挑戰與滿足國內的需求（經濟）；其二達致目標，爲國家發展選擇與達致目
標（政治）；其三統合，把社會體系整合在一起，不致因遭逢困挫時四分五裂

（法律、道德）；其四潛在勢力使體系永續，亦即在於固守國家的傳統與認同（文化、宗教、習俗）（洪鎌德，2014：213-250；2013：207-233）。

接著，20世紀後半，英國曾任倫敦政經學院院長的社會學大師紀登士提出「結構兼行動理論」（Structuration Theory），企圖打破西方兩元思考方式，不再把社會結構和個人行動分成對立的兩截。反之，個人行動是基於其知識能力，遵守規則對周遭有所改變的動作。行動者運用資源，遵守日常的行徑，去求取平安和自信。結構既然存於社會體系與社會互動中，其存在是離不開行動者之環境，亦即結構非外在於行動者，它固然對個人的行動有所限制，也常提供方便，這點顯示與結構功能論視結構只有限制的功能大為不同（洪鎌德，2013：306-311）。

當代德國也是全球最知名的思想家和社會學家哈伯瑪斯，從韋伯那裡獲得不少啟示，包括體系界宰制生活界的說法。他指出人類平時便活在民生問題之解決的生活界中，但生活界太複雜、太善變，必須有規範來維持其秩序。國家是權力運作的機構，是社會體系中藉權力來規範公民（政治動物）的行為，靠的是權力的手段。至於規範人民（經濟動物）物質需要的滿足就是民生問題的解決，靠的是金錢的使用。由是可見，權力與金錢所形成的政治與經濟兩大體系是宰制，甚至殖民百姓的生活界之兩種體系（洪鎌德，2013：250-253）。

哈伯瑪斯所以會提出體系界宰制生活界之說法，顯然深受韋伯對人類前途持著悲觀的看法之影響。如眾所知，韋伯擔心官僚化和工具理性的擴大和遠播，最終會陷溺人類於「鐵籠」（stahlhartes Gehäuse）裡（*PE*, 181）。事實上，我們還可以找出政治和經濟之外的第三種體系，亦即資訊（informatics）體系。就在韋伯逝世一百年後的21世紀上半葉，資訊科技突飛猛進，造成資訊溝通科技（Information and Communication Technologies）籠罩整個世界，也促進資本主義的全球化。人類雖享受數碼文明帶來的方便，卻也在知識上和人際溝通上受到限制；人逐漸數位化、符碼化，這何異重新關入鐵籠中，無法自由翱翔於天地之間（洪鎌德，2018：318-337）？

在政治學的學術領域中，歐陸（特別是德奧）與英美研究的科目和重點傳統上有一個很大的不同，英美在19世紀與20世紀之間已產生了政治科學（political science），但德奧仍遵守舊制在大學或高等專校（Hochschule）中設立國家科學（Staatswissenschaften: state sciences），主講的是國家學說（Staatslehre）（Loewenstein, 1964），包括憲法、民刑法、行政法、國民經濟、國家與社會、國家與文化。這種情況在二戰後受戰勝國的影響開始設置

政治科學（politische Wissenschaften）（Hübinger, 2009: 17-32）。受韋伯的啟示，二次大戰前後在北美盛行的行為主義鼓吹政治在研究政治行為，其結果是微觀的個人行動取代了宏觀的國家制度之考察。1960年代北美政治學界在伊士敦（David Easton）倡導後行為主義革命下，重新定義政治為「價值的權威性分配」（Gunell, 1985: 190-210），開始重視國家的機構效應，而不再空談政治行為和政治過程，隨後哈佛大學教授施蔻克波兒（Theda Skocpol）等人把國家的角色重新帶回政治的領域中來討論（Evans, Rueschemeyer, and Skocpol, 1985）。

哈佛大學教授施蔻克波兒主張把國家帶回政治學研究核心

近年應用韋伯組織性的暴力等概念於第三世界國家或無國家的社會之經驗性考察，發現暴力如僅用以財富的重新分配，則會導致社會福利的喪失。但暴力如善加組織和利用，則全社會的生產力提升，這是由於有組織的暴力足以保護私產權利而促進生產性的活動之故。國家中的政府就扮演這種有組織性的暴力機關之角色，合理的稅制阻卻私人的掠奪，加強政府的威信與統治的正當性（Bates, Greif and Singh, 2002: 599-628）。

韋伯對現代社會的看法及其傳記（英譯本）

九、韋伯國家觀的評估

韋伯國家觀重視國家是一種人統治人的機構，也是國家機構運用權力，甚至暴力壓制百姓的反抗與不降服的行為，可以看做仿效馬基雅維利的現實主義。他曾說：「科學的國家概念，就像這個概念一詞被形式化建構起來一樣的清楚明白——國家概念一方面是一個綜合物（Synthese），用以符合吾人認知的目標；他方面從抽象化的過程獲得的卻是不清楚的綜合物。因為它存在於有史以來人類的腦海中之故」（*WL*, 271）。這說明他盡力以科學的、經驗的、歷史的方法來研究國家這一組織，它的存在是公民日常經驗中（出入國境持本國的護照、納稅、當兵）隨時都可體會的，另一方面國家又是人群想像的共同體，亦即前代人、同代人和後代人群腦海中一個模糊的圖像。換言之，國家便是人群一個既具體又抽象的概念，是人統治人的信念之體現（*ibid.*, 270）。這種生活與理念的合一表示理想類型的構成是現實與理論的合一（Weiß, 1975: 69-70），這是韋伯用哲學、社會學、政治學簡述國家的本質和職能。他這種學術上的努力可以說是取得相當豐碩的成果。不過，他的國家定義也不是完美

無瑕。勉強說來有下列數點值待商榷：

第一，國家除了追求政治秩序之外沒有其他的目標？當然韋伯也會指出國家的功能在社會安穩、經濟繁榮、文化昌盛之類的泛泛之詞，但未進一步加以闡釋。他似乎僅用手段，而不以目的來定義國家。

第二，國家與其他統治機關不同之處在於壟斷暴力的施行（monopoly of enforcement），然而這一過程不限於暴力的施行，更涉及行政、立法和司法功能的獨占。不過韋伯並不言明暴力壟斷的起源，我們前面指持有這種見解的政治哲學家前有馬基雅維利、霍布斯，其後有布丹、康德、叔本華，以及他的前輩馮葉鈴（Rudolf von Jehring, 1818-1892，又譯馮耶林）。馮氏談過「壓制的暴力」屬於「國家絕對的壟斷」（Jehring, 1911: XIV）。可見談國家為暴力機構不是韋伯最早提出的，只因他的著作不加註引自何處、何人，吾人就無法做正確的判斷。

第三，國家奠立在正當性基礎上，包括傳統的、魅力型的和合理性法律的統治方式。韋伯雖然企圖用魅力型領袖來制衡權勢日漸茁壯的官僚體制，但他念茲在茲的理性法律，亦即法治的實施是他心中的最愛。由是看出「正當性」（Legitimität）不如「合法性」（Legalität）更為重要。再說，正當性雖然提供法哲學論辯的基礎，卻在政治科學中引發爭議（Grafstein, 1981: 456）。

第四，國家是統治機器的說法顯示韋伯前後不一致、不連貫之所在。原因是他重視國家像企業般的機構和機器在運作（發揮人對人的統治之運作），亦即強調理性國家機器能夠使社會安穩、經濟繁榮、文化昌盛之類的泛泛之詞，但機器對人的鈍化和凌遲卻有如馬克思所言的「異化」，令人對前途堪憂。他顯然使用手段，而不以目的來定義國家。

第五，國家存在的理由與個人主義衝突，國族主義與個體發展的理念鑿枘難容。這表示韋伯的心態和價值觀常擺盪在自由主義與國族主義兼愛國主義之間，使他的國家理論無法達到他所訴求的「價值中立」（Wertfreiheit）之客觀地步（Weber, 2004; Webster, 1989: 15-527；謝宏仁，2019：96-106）。換言之，這不是韋伯方法論與其國家觀有所衝突，而是他論述國家時，個人與國家存在理由有所扞格，以及個人自由和社會秩序兩種價值的孰重孰輕難以決斷之故（Anter, *ibid.*, 148）。

第六，韋伯所言的去魅力（Entzauberung）並非去掉神祕化的客觀歷程，而是生活中去掉魔幻、去掉幻想和情緒的訴求。偏偏他對魅力（卡理斯瑪）有所訴求，這種訴求目的在打破現實生活的僵硬無聊，亦即他希冀藉魅力領袖

可以制衡官僚制度的浮濫和平庸，也免除深受工具理性制約的人群再陷鐵籠而不可自拔。這無異天縱英明的領導比庸俗的民主制度更受韋伯的青睞與推崇，由此推論則會發現良知（堅信）倫理似乎比責任倫理更應大力倡導，這不但是韋伯思想中的混沌（ambiguity），甚至是其理論的矛盾之所在（Dahrendorf, 1987: 577）。

十、結論

綜合前述，我們主要是從韋伯的巨作《經濟與社會》之第一章和第八章中討論國家的本質、結構和功能出發，加上他其餘著作相關的論述，指出他把國家看成統治機器、正當性和合法性使用暴力的團體和類似經營成功的大型企業，國家不但是人統治人的組織，更是在其領域中發揮獨占性的公權力，而受其他各國承認的政治單元。

這裡顯示韋伯接受19世紀以來德國公法學者對於國家三大要件人民、土地和主權的看法，再加上行使主權的政府，以及獲得列國的承認，可以說是現代民族國家構成的要素都已備述。至於國家生成發展，他不膠著於演進說、社契說、征服論，而是就歷史的演變討論世襲國、等級國、商貿國、民族國、文化國之特徵和演展，算是務實的說法。韋伯國家觀的特色在於強調國家建立在法治與經濟之基礎上。

與其說他看重國家壟斷暴力的正當性，還不如說他更重視理性的合法性。這也是他津津樂道法制統治優於遵循傳（道）統或聖人、強人、偉人（魅力領袖）的統治之因由。由於他壯年逝世，未能演展一套有系統、明確的國家社會學或國家理論，我們只能在其斷簡殘篇中勉強拼湊一幅韋伯國家觀的圖像，俾紀念他一百年前之忌辰。

在這一百年間世局經歷空前的鉅變，包括第一次和第二次世界大戰，長達半世紀的東西冷戰和韋伯預言的社會主義國家官僚之橫行。這點加上執政者之無能，導致蘇聯之崩潰。再說，三、四十年來響徹雲霄的全球化面臨挑戰，乃至有銷聲匿跡之可能，肇因於近年中美貿易戰端的開啟和當前新冠肺炎（COVID-19）的肆虐全球。各國所採取的鐵腕防疫抗疫措施（不惜封城、封國，對不服從者罰款、棍打、囚禁、擊斃等裁處）突顯韋伯對民族國家正當使

用暴力的說法之正確精準，畢竟自《威斯特伐利亞和約》簽訂以來的三百七十年，世界政治就是民族國家所形成的體系，這點更令人讚賞韋伯國家觀所透露的睿智。

韋伯對370年以來民族國家主宰世局有其卓見

韋伯國家學說和
國家社會學之簡介

第四章　韋伯國家學說和國家社會學之簡介

一、前言

二、影響韋伯政治思想的前輩與同輩

三、耶林內克的國家學說

四、滕尼斯分辨社群和社會的不同

五、韋伯論國家

六、韋伯的國家社會學之大要

七、國家社會學中政治的意涵

八、結論

一、前言

　　西洋兩千五百年文明史中，論學識之淵博除了古代的亞理斯多德之外，就要數今人的韋伯，其在1903年之前關心的學術課題爲古代和現代的農業問題，也因爲博士論文和教授資格的論著涉及義大利和中古商業行會與股票等商業和經濟問題，而致力經濟史的鑽研。1903年從精神崩潰痊癒之後，他開始拓展更寬廣的天地，也就是轉向社會科學方法論、新教倫理、俄國革命等方面發展。1909年開始撰寫《社會經濟綱要》一書，因而論述國家。一戰前後則致力局勢評析和政治的檢討。1920年夏季學期他擬在慕尼黑大學講授「國家學說和政治概論（國家社會學）」，可惜只在前一個學期講解了前面三節大要，不久他在當年盛夏因肺炎逝世，這一計畫遂無法完成。以下先談影響韋伯政治思想的前輩和同輩。

二、影響韋伯政治思想的前輩與同輩

　　19世紀的德國思想上深受國族主義者如黑格爾和蘭克（Leopold von Ranke, 1795-1886）的影響，另一方面拉薩勒（Ferdinand Lassalle, 1825-1864）的社民思潮，卻爲馬克思主義者如貝倍爾和李普克內西特所挾持，成爲左派社會主義思潮。剩下號稱自由主義者，無非出身布爾喬亞市民階級的右翼分子，他們擁抱亞當・斯密的自由貿易論。在這三種彼此衝突的階級觀、政黨傾向和意識形態中，韋伯找出自己思想的發展導向（GM, 1946: 46: 47）。

　　對韋伯國家學說和政治社會學具影響力的前輩，應推馬克思和尼采兩大思想家。基本上，韋伯雖然批評馬克思主義和社會主義對人類的威脅，但卻把馬克思的世界觀當做對實在（Wirklichkeit; reality）瞭解的方式或暗示，也把它看做符合社會科學發現新知的（heuristic）方法（洪鎌德，1998：193-194）。

　　他雖讚賞馬氏發現新知的世界觀，卻像當代人類學家所犯的毛病一樣，誤用單一的因素來解釋世界與人生，或把多元因素濃縮爲單元的因素。韋伯並不全面否定唯物主義，只是反對它斷然以一元論看待世界。大部分韋伯的作品可視爲分析馬氏歷史和經濟唯物主義的補充，亦即以軍事的和政治的物質論來補充馬氏經濟決定理論的不足。韋伯對政治結構的分析途徑不亞於馬氏對政經分析方式。馬克思注意各個不同時代的生產方式所建立的社會，其重點爲有產階級掌握生產資料；韋伯則強調各個時代和不同社會統治者如何掌握暴力和統治權力。他所以非難馬克思不懂分辨經濟的和經濟制定的不同。當然更不懂經濟的關聯性、重要性（economically relevant）（CMW, 2012: 111; MSS, 1949: 68；洪鎌德，1998：30-31）。

　　韋伯在1890年代，爲了教書備課曾細心閱讀馬克思的著作，遂同意爲了瞭解現代世界，每人都該效法馬克思把每件事物聚焦於經濟層面來思考（CMW, 2012: 111）。他一度頌揚馬、恩所撰述的《共產黨宣言》爲「學術成就的最高等級」（MSS, 1949: 69）。不過他認爲經濟常被非經濟的因素所影響，而非馬氏所強調的經濟制約了非經濟因素（PW, 1994: 287）。他反對馬克思對社會現象之變遷歸結於定律、規則，也反對馬、恩動輒提到「在最後的分析中，經濟起著決定性的作用」這種說法。在維也納大學的一次演講〈正面拒斥歷史唯物主義〉中，他做了上述的分辨和反駁（Marianne Weber, 1988: 604）。

此外，韋伯曾經說：「現代學者的誠實程度可從他對尼采和馬克思的態度看出。任何人敢誇言其作品不靠上述兩人的助力而能夠獨自完成，那麼他不是自欺的，就是欺人。我們精神上和智力上存活的世界正是馬克思和尼采所形塑的世界」（Hennis, 1988: 146; Baumgarten, 1966: 545-546）。

尼采所活的世代爲德國哲學歷史主義倡盛的時代（所謂的歷史主義〔historicism; Historismus〕是指以黑格爾爲主，馬克思爲輔，嘗試對歷史的嬗遞變遷賦予意義〔追求進步、自由、理性等〕。歷史的瞭解並非以當下的認識和處境來觀照，應當以歷史發展的當時由該時的人群〔歷史的主角〕之思考想法來詮釋，也就是說每個時代都有時代看法和其歷史觀，因而得出歷史相對主義），尼采認爲他所處的時代學者們所強調的道德有兩項：其一，歷史的感受；其二，知識的誠實。前者接近韋伯所倡導的瞭悟社會學；後者則接近韋伯認識論中的價值袪除、價值中立。根據尼采的看法，這兩種當代最重要的德性有相互矛盾之處，韋伯則視爲相輔相成。無論如何，韋伯是跟隨尼采企圖把社會科學從歷史主義解放出來（Eden, 1983: 405-421）。

尼采影響韋伯不只靠其著作《道德的系譜》和憤怒的概念（*GM*, 1946: 270-271; 276-277）。韋伯和其妻瑪麗安妮早期對尼采的學說耳熟能詳，不過對超人哲學引起質疑，另外這位哲人突然陷於精神崩潰也發人深思。事實上韋伯提及尼采不多，他同意尼采對德國人百依百順不知反抗的指摘（Aron, 1970: 219-317），他所提有關尼采之事也多屬負面。1920年齊兩默爾曾指出尼采的權力意志築起高牆來區隔「卑劣的占有慾」，韋伯卻批評稱「這絕非尼采的看法。他正是德國小布爾喬亞的典型」，韋伯認爲他不會像尼采一樣只會享受「快樂的科學」（gay science）（Radkau, 2009: 167）。

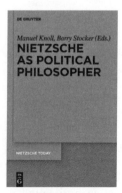

尼采　　　　　　倡導超人哲學的尼采　　尼采的政治哲學

　　與韋伯同時代的俄國政治社會學家歐斯特羅果爾斯基（Moisey Ostrogorsky; Моисей Яковлевич Острогорский, 1854-1921）的著作雖未被韋伯正式引用，卻為後者所熟悉。歐氏曾從事政黨和政黨組織的研究，特別是英美兩國政黨的比較。他認為黨員對黨的忠誠有如教徒對其信仰之堅持，他指出政黨競取政權的民主常陷入危機中。在歐氏逝世一百年後選民對政黨的不信任昭然若揭，更顯得其政黨學說的重要。韋伯對敗戰後的德國和1905年俄國革命後的政黨之分析，明顯地受到歐氏政黨論的影響。而歐氏在其所描繪的比較政治族譜的圖中，將韋伯和米歇爾（Robert Michels）擺在自己的前頭，以致今日一提政治社會學的奠基者，就會想到歐斯特羅果爾斯基、韋伯和米歇爾三人。除了上述前輩和同輩之外，影響韋伯政治思想的人還有學者兼教授的耶林內克與滕尼斯。

耶林內克及其墓碑

三、耶林內克的國家學說

　　韋伯晚年對國家學說似有所轉變，這大概是受到海德堡大學同僚兼好友的公法學者耶林內克（Georg Jellinek, 1851-1911）的影響。耶氏於1900年出版其重要的著作《國家學說概論》（*Allgemeine Staatslehre*），成為德語區有關國家學說的標竿。有異於英、美、法之政治學（political science; science politique），德、奧、瑞士在19世紀下半葉和20世紀初把法律、政治、經濟、社會和文化融合在一起的國家學說（Staatslehre）或國家科學

（Staatswissenschaften）。這種熔合法、政、經、社於一爐，幾乎包括廣義社會科學的龐大學科居然成為歐洲中部文法科學生必須學習，尤其是參加國家考試俾擔任文官、公僕、律師者必讀的科目（*MEG*, 2009: 277）。耶林內克係出生於萊比錫的奧地利人，曾與柯爾森（Hans Kelsen, 1881-1973）等號稱奧地利公法學者群中實證主義學派之成員。自1877年開始在維也納大學研讀法學、藝術史和哲學。1878年轉學海德堡念史學和法學，同年在萊比錫大學以〈萊布尼茲和叔本華的世界觀〉取得哲學博士學位，兩年後又獲得法學博士頭銜。1879年在維也納通過教授資格考，成為國家考試審查委員。1889年被瑞士巴塞爾大學聘為正教授；1891年海德堡大學聘請他為公法與國際法教授；1900年出版其大著《國家學說概論》，此書被視為德國有關國家基本法（憲法）的里程碑，這是耶氏一生的力作。他提出國家三要素，亦即國家要擁有人民、土地和權力（主權）方才在國際法上能夠當成一個行動的主體，被國際所承認。此外，他得到社會學的鼓舞，引進「事實具有規範的力量」（normative Kraft des Faktischens）一新概念。此處顯示耶氏的國家學說與其社會上的先決條件。國家能否貫徹其意志的問題並非法學所能回答，而是要訴諸經驗科學，亦即社會學才能解決的。至於規範、法律條文或行政命令呢？也是經驗性的問題，而這非僅法律教條規範性的問題（Hartmann und Meyer, 2005: 28*f*）。

　　在海德堡大學任教期間，耶氏隸屬於韋伯交往的社交圈，因而受韋伯社會學的影響。另一方面來說，以猶太族群的特殊身分居然在1907年獲取海德堡大學校長榮譽，可見其才華品德足以服眾與領導群賢。在其著作中留下韋伯想法的痕跡（Breuer, 1999: 6）。韋伯與耶林內克認定國家學說涉及的問題不只是公法的、法律性質的探討，而應以全社會作為背景，亦即研究其社會的（soziale）的先決條件（Voraussetzungen）。這時兩人還算結伴同遊。可是當耶氏一度接受公法學者和法哲專家前輩的看法，強調國家學說單單隸屬法律理論的範疇時，亦即國家純粹是法律思想形式建構之物時，韋伯便與這位年齡長其十三歲且亦師亦友的同僚分手。不過，耶氏很快地指出其前輩只以法學者之眼光看待國家這個龐然巨獸（霍布斯視國家為海怪巨獸，Leviathan）是以偏概全不足取法。在國家法學說（Staatsrechtslehre）之外，宜補充社會的國家學說（Soziale Staatslehre）（Jellinek, 1914(1900): 13）。

　　國家學說與社會的國家學說合併為純理論的國家科學，以有別於國家活動、實踐的政治。政治不僅是認知和評價國家的作為和表現，而且還提供評估國家現狀和關係之批判性的準則（Jellinek, 1914: 13）。

　　韋伯對耶林內克把國家從法律觀點和整體社會的觀點分別切入的說法幾乎無異議地接受。因為他也贊成把國家作為法律規範體系和作為行動主體所展開的實際行為和其造成的關係，做出經驗性的考察，因為這是有所分別的兩碼事。這反映了理想型的法政秩序和事實型的經濟行為之分別（*WuG*, 181）。

　　韋伯把社會行為事實上的制約理由看做法律規範的功能，使他認知經驗性的效準，這點超越了耶氏的見解。無論如何在世紀轉換至一戰爆發前，海德堡學界這種國家觀分別為法律規範和社會事實雙層的探討看法曾經風行一時。1911年耶氏遺孀卡蜜拉（Camila Jellinek）也請求韋伯為剛逝世的丈夫之《國家學說概論》新版寫一段導言，由此可見耶、韋兩家之通好。

　　顯然，韋伯有異於耶林內克之處在強調以法理學看待國家之外，應使用社會學的觀察法。因之，從耶林內克到韋伯的國家學說可以解釋為從社會的（soziale）邁向社會學的（soziologische）研究過程（Breuer, 1999: 5-9）。

　　耶氏認為國家就像社會，並非如孔德、斯賓塞或涂爾幹所稱的類似人體器官的有機體，也不是像啟蒙運動哲學家所想像的地位平等的諸個人所組合的團體。換言之，社會國家學說指出國家是諸社會型態之一，其特徵為狹義的社會「諸群體的體系」（ein System von Gruppen）。社會科學可以分別就家庭、氏族、鄰里、城市、國家、教會、文化等群體的諸體系進行研究。只是社會的國家學說，把國家當成諸體系之一，當成一個概念上的整體加以探究。只有當社會的國家學說聯合其他社會科學的分枝（例如家庭社會學、鄰里社會學、宗教社會學等）來考察諸人群體系，國家作為行動者諸多方面合起來的生活（活動、作為）才可掌握（Jellinek, 1999: 5-9）。國家乃是不平等的諸個人所構成的社群關係，此一關係是由不同的依賴關係構成的。這種依賴關係在國家成立之前存在於原始群落與社會中。這種由個人的成員所集合的體系有各種不同的型態，或是成員有意識的加入（如同家庭、政黨），或是成員無意識組成（族群、國籍、階級、人口流動造成城市的出現）。這點顯示耶氏不以突顯法律、行政或經濟來界定國家。

耶林內克的《國家學說概論》成為政治學說的標竿

四、滕尼斯分辨社群和社會的不同

　　被譽爲德國第一位眞正的社會學家滕尼斯提出社群（Gemeinschaft）和社會（Gesellschaft）有所不同的說法。前者建立在成員血緣、地緣、業緣，彼此相識相親的密切關係上，就像家庭、親族和俱樂部的會員，視這個團體本身就是目的。反之，社會就是開放的，其成員加入團體在求取個人的利益，在實現個人的期待，把群體不看做目的，而當成個人謀取好處的跳板和手段。可以說人類的歷史便是從社群走向社會的過程。

Bust of Tönnies in Husum
滕尼斯及其墓碑之雕像

　　韋伯在1910年經過一番「奮鬥」才讀懂滕尼斯這部大作《社群與社會》的本意（*MWG*, II/7: 703）。對於當時盛行的經濟學歷史學派之學者而言，這本書似乎太抽象，但對念哲學的人而言則又嫌太具體。滕尼斯把自然的血緣群體之社群對照冰冷的金錢關係之社會。這兩者並非真實歷史的產品，卻是理想類型營構之物。此時一般學者尚未弄通韋伯後來演繹的方法論前提的「理想類型」。與韋伯的理想類型相比，滕氏的「社群」和「社會」顯得不夠複雜和精緻，不能反映歷史的變化莫測，也不能提供研究的綱領。滕氏對社群之眷戀，使其後越過大西洋而在北美蓬勃發展的全球化的社會學，視「社群」為德國浪漫主義的遺緒，把日耳曼的社會學帶入死巷。與此相比，韋伯把靜態的「社群」轉變為動名詞的「社群化」（Vergesellschaftung）則涵意更為廣泛，意指社群、合理性、群體性，既意涵冷酷的合作性、合理性，又隱含群體的內外衝突的意味和團體形塑的過程，這點在今日更吐露摩登的氣息。

　　當韋伯著手撰寫《經濟與社會》大作之際，他先談社群，這個詞謂含有滕氏有機的諧和與人際的溫暖之意味。可是韋伯並不把社會，而是把社群當成該書的核心概念。效法滕尼斯提出社群與社會的區分，但去掉這兩個名詞的兩極化、靜態化，韋伯採用「社群化」（Vergemeinschaftung）和「社會化」（Vergesellschaftung）當成兩個「基本的社會學名詞」（*WuG*, 1/29 *ff*; *ES*, 40 *f*）。韋伯說：所謂的社群化是指社會行為的立場建立在成員的凝聚之主觀感覺之上。至於社會化是指社會行為的取向建立在成員理性（價值的或價值理性）的動機所形成之利益均衡或利益結合的基礎上。社會化也可能使成員的社會行為建立在他們彼此承諾之上。自1913年之後，韋伯在文章上逐漸從社群退縮下來，給人的印象為他更多使用社會或社會化，因為人群愈來愈講究合理性之故，但通觀其大作的精神還是保留社群的重要性。一個顯例為他居然使用「市場社群」（Marktgemeinschaft）目的在彰顯現代經濟中市場活力四射的現象。

　　與滕尼斯相異，韋伯自始至終不刻意把社群和社會做明顯的對照。不過，他最先定義社群為其成員建立在主觀感情上凝聚大家的團體。接著他務實地指出：群體的團結不只是感情的，也是有目之作為（*WuG*, 1/489-4; *ES*, 40 *ff*）。這是由於人類好狠喜鬥之本性使團體無法單靠愛與和諧來維持社會的秩序；反之，暴力與仇恨常出現在人間，愈到晚年韋伯這種社會達爾文主義的色彩愈明顯地展現出來（*WuG*, 1/489-4; *ES*, 635-640）。

　　韋伯與滕尼斯結識於1890年代剛成立的社會政策協會中，他們與宋巴特

（Werner Sombart, 1863-1941）同屬於改革派青年學者，其後兩人有更久和更常的接觸，1904年同遊美國，1908年兩人都參加了海德堡國際哲學大會。

　　受到滕尼斯的影響，韋伯把滕氏「社群」和「社會」化做行動理論的「社群化」和「社會化」，因而大談「社群化行為」和「社會化行為」。不過，有異於滕氏，韋伯不認為社會取代社群，而是把社群行為當做最高的概念，其下包括了社會行為。此外，他不只認為社群行為衍生社會行為，而且強調：每一個社會化的範圍中，都體現一定程度的合理性的目標，在此目標之後潛藏著成員相互同意的社群行為。

滕尼斯和其大作《社群與社會》以及兩者對照（英譯）

　　自從1914年開始，韋伯的想法在很多方面可以說建立在滕尼斯的觀點之上，滕氏的「許久以來重要性不減的」大作不斷地為韋伯所引用（*GAW*, 427）。滕氏所強調的人群合聚生活的兩大類型，為社群受習俗和宗教的約束，社會受慣例、法律和立法所制約（Tönnies, 2010: 421.27）。他這種強調從自然的規範演進到國家提供的保證之社會秩序，促成韋伯塑造其發展史引導概念的「合理化」。其實滕氏在1894年出版的〈歷史主義和理性主義〉一文中就提起「社會的過程」，其本質乃為合理化。在此他強調使用理性、善以計算的個人把「科學認知當做手段與工具加以利用」（Tönnies, 1925: 111）。

　　滕尼斯認為國家為僅僅建立在社會基礎上的設備，這種設備之所以能夠存在靠的是理性化。社群生活和社群秩序內涵的兩種結構：統治和法律。前者產生自長老家族的權威；後者則由慣例形成為習慣法。這都是本質意志（Wesenwille，自然意志）的表現，羅馬帝國衰亡及基督教勢力衰退後，出現

了另一種的意志，亦即隨意意志（Kurwille，近似理性意志）。它不再像本質意志造成團體爲器官的、官能的、有機的組織，而是分辨手段和目的，深懂利害得失，計算的、機械式的社會。這種社會是人造的機器，完全爲個體某些目的所構造之集合體。在此團體中使諸個人得以連繫在一起的便是合同、契約。社會契約說正是這種人群欲脫離野蠻自然狀態進入文明社會，建立國家之說法。

　　正如前述韋伯對滕氏這類說法無法照單全收，尤其對國家官能（器官、有機）說更加排斥。不過，韋伯把國家當成人群社會生活中最重要的設施看待，「基本上爲一個理性的本質，使人造物能夠接受理性的認識、控制和系統性〔的展現〕」，這點顯示韋伯把滕尼斯的國家泛宇化和極端化。1904年以後韋伯的國家觀強調機構（Anstallt）的概念，就是效法滕氏把國家的存在置於合理地通過立法制定秩序之上。

壯年與中年時代的韋伯模樣

五、韋伯論國家

　　韋伯認爲國家是人群「文化生活中最重要的構成要素」（Weber, 2004: 371），他在1895年5月13日佛萊堡大學就職開講，題目爲「民族國家與經濟政策」，其中他說：「國家經濟政策的學問就是政治手段的科學。它是政治學的僕人。這裡所提的政治不是人身或階級日常的政治，不是在某時出現的統治之政治，而是國族長久經歷的權力政治追求的利益」（Weber, 2010: 100）。自此至他1920年逝世爲止，在其作品中臚列涉及政治秩序和經濟行動的各種議題，我們加以核對，就明白他何以把「國家的形式連結經濟」作爲他在1920年夏季學期的開課「政治社會學」之結論。當然他在當年夏初因爲肺炎逝世，這份國家社會學的芻議和計畫未能實現。

　　在1917年元月韋伯曾給「自由派學聯」做了〈以政治爲志業〉的演講。其中他提到一個問題：「在人群組合的脈絡上，什麼是國家？」（Weber, 1994: 310）。在他研究的許多階段中，他常提問國家的學說對其他的研究項目，例如宗教、經濟、文化會提供什麼貢獻？因之，《社會科學與社會政策文庫》的開場白便是有關文化現象的經濟性制約條件。他在1904年與宋巴特及亞飛（Edgar Jaffé, 1865-1921）合編《社會科學與社會政策文庫》。在發刊詞上表示該刊將配合鄰近學科，諸如國家概論、法哲學、社會倫理學、社會心理學、社會學推行研究（Weber, 2010: 100）。當時德語區尚未出現政治學，而相關議題只好歸屬於國家學的範圍。在首篇文章中，韋伯用理想類型來處理國家。他說：

> 人際關係的複合體受規範的制約，我們稱此爲國家，例如其涉及經濟的面向，我們稱爲財政；如果藉由立法等措施影響到經濟……這就稱爲經濟有關的〔現象〕。最終它〔國家〕的行爲和特性被經濟關係之外的動機所決定的話，可稱爲受經濟所制約。（Weber, 2004: 369）

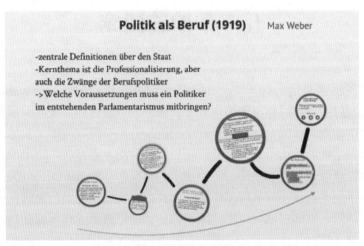

以政治為志業（德文）

關於國家概念的邏輯結構以及為此而建構理想類型，韋伯認為這是有趣的問題。「國家概論遭逢的挑戰是把它當成客體來討論和講解。它所涉及的是主動和被動散漫與不同的人群之行動和關係。這些行動和關係事實上和法律上被規定的（有時一度、有時反覆地被規定）都出於一個理念、一個信念，相信〔政治〕乃為人統治人的行為之規範」（Weber, 2004: 394）。

就在一戰和1918年至1919年俄國與德國爆發革命之際，日耳曼和英、美有不同的說法來描繪國家。韋伯說：

> 國家的科學概念無論怎樣形塑，都是吾人一個綜合性的說法，企圖對它的認知。可是另一方面卻是從歷史經歷裡人腦中抽象出來的不精確的綜合物。把歷史上具體的國家加以綜合理解投射到當代的綜合想象，無論如何只能透過取向理想類型才能明確獲知。無可懷疑，當代人所做的綜合理解，也就是對國家形成的理念不同地方有不同看法，亦即顯示詮釋的差異：在德國以有機〔官能〕來解釋，在英美則視為商務活動〔之機構〕。這些解釋方式頗具明顯的重要性。可見實踐的念頭和理論的念頭都是理想類型，這些類型的建構有利於發現新知之目的，它們或平行向前走、或彼此穿越交相發明。（Weber, 2004: 394）

　　後來韋伯撰寫了《經濟與社會》一巨著，在這兩厚卷的前面和後面分別討論國家（洪鎌德，2020：7-8）。首先，他把國家視爲統治團體（Verband），「在特定地域、領土上藉其行政人員採取暴力的應用或強制施行的威脅，而使〔統治〕秩序及其有效性得以維持和證實。國家該是政治性的機構運作（Anstaltsbetrieb）之謂。只要它的行政人員成功地主張利用正當性的形體上強制力的壟斷，而能夠有效遂行〔統治〕秩序〔之維持〕」（WuG, 39）。

　　其後，他提示現代相互競爭的民族國家促成資本主義的崛起，國家與資本之結合乃是合乎統治秩序結合的結果，也造成市民階級（公民社階，Bürgerstand）的出現。他再度爲「國家」下了如下的定義：

> 國家係建立在使用正當（或被認爲合乎正當性）的殘暴性
> （Gewaltsamkeit）之手段來達成人對人的統治。爲了使它〔國家〕能
> 夠存在，被統治者必須服從聲稱擁有統治權的統治者——靠的是其内
> 在正當化辯詞和外在〔暴力〕的手段。（WuG, 1045）

蒙森著《韋伯論社會、政治與歷史》　　　　韋伯名著《經濟與社會》

　　要之，理性的國家不但是人統治人的機關，統治者更須是賢能負責的領導者，百姓更是遵守法律、自我節制、遵守秩序的諸個人（Axtmann, 1998: 32-46）。

The Lauernstein Conference in May, 1917 勞恩斯坦堡國是會議

The Lauernstein Conference, May. and Nor. 1917.
Germany

1917年3月和1月韋伯夫婦參加位
於圖林吉亞邦山區勞恩斯坦堡
的國是大會，亦即討論一戰後期
德國內外艱困的局勢，參加研討
會有當時社會名流、學者、政客
和偏激的青年（憤青），包括後
來在南德進行左翼革命、成立
慕尼黑蘇維埃政權的頭目Ernst
Toller。可知少年不畏上天，卻
崇拜各種神明。

六、韋伯的國家社會學之大要

在發表〈社會科學認知的客觀性〉一文之後，數年間韋伯並不直接關心他
曾提及的國家社會學。可是在1910年他突然改變了，這是因為他答應了《政治
經濟學手冊》主編的要求，擔任「國家」一項目的分類編寫。他計畫寫〈第一

部：經濟和經濟學〉，並在第四章準備寫〈經濟和社會〉。至於國家則出現在
「經濟和社會群體」裡頭（Weber, 2003: 808-816）。這些論題也出現在他另一
準備寫作的《社會經濟學綱要》中。這是他仿效耶林內克擬撰著1903年「國家
社會學理論」有關的「統治社會學」之部分。1903年「統治」變成他社會經濟
學的重心，但重中之重卻是「國家社會學完整的理論」。在年終給佛萊堡大學
的同事信上，他提及此書排除有機說而論及人類行為經驗性的理論。在一戰前
夕，韋伯致力國家概念的分析，而把統治社會學暫時擱置。大戰期間他奉命管
理十多所軍事醫院，但仍抽空探討近現代群眾型的國家，這些和時局有關。戰
後他任慕尼黑大學教授，為《經濟與社會》寫了前三章，主要作為講學大綱。
1919年夏季學期他講授「社會科學一般範疇」，這便成為第一章「基本的社會
學概念」。1920年5月11日他開始講授國家社會學（Hübinger, 2009: 17-20）。

　　在韋伯死前最後一堂課談的是政治。他在手寫講課大綱上註明「國家與政
治概論（國家社會學）」，這是一門每週四堂的講課。在第一堂課上韋伯透露
整個大綱如下：

1.　國家的概念
2.　正當性統治的類型
3.　地產階層〔等級議會的分等分層〕與階級
4.　傳授〔繼承〕國家和封建國家
5.　父權制和專職官員
6.　公民和城邦；國家和民族
7.　父權制和專家型的官員
8.　地產階層的權力分立和代表權的念頭
9.　合理性的分權，議會制度
10.民主制度的不同類型
11.政治權力和自我管理〔自治〕
12.政治權力和教會權力
13.政治權力和軍事權力
14.國家的型態與經濟
15.政治取向的資本主義
16.現代國家和理性資本主義
17.蘇維埃（議會）國家
18.外交對內政結構的影響（*a.a.O.*, 20-21）

韋伯所著《國家社會學》（德文）

　　如果我們把上述韋伯講學大綱的十六條拿來和他巨著的《經濟與社會》一書最後一段（第九章第八節）相比較，除了題目大略相同〔這裡標示：「理性國家機構與現代政黨和國會（國家社會學）」〕表面上都是談國家社會學，內容上卻有很大的差異。原因是主編溫克曼（Johannes Winckelmann）指出：單單第一目「理性國家的形成」是從韋伯在他處所寫的資料拼湊而成。韋伯說：理性的國家只出現在西方世界，它引發資本主義的誕生，因係建立在專業官員與理性法律之上。第二目「當成機構的理性國家乃是統治團體，擁有正當性的暴力」。這裡韋伯不以國家所做所為來加以定義，而是將政治團體的國家視為建立在暴力上，這是托洛茨基早先便指出的。國家是靠著正當性的暴力來使人對他人的統治成為可能，也就是被統治者降服於治者的權威之下。第三目「國家統治的經營便是行政；政治領導和官員領政」。現代國家中負責日常管理公務的人既非國會，也非君王，而為民事或軍事的官吏。第四目「政黨本質和政黨組織」。政黨是受官僚管理的公民政治意願的載體（表達者、代理人）。政黨的競爭和權鬥無可避免。政黨或滿足其黨員謀取官職，或是基於政治理想而成為擁抱世界觀的政黨。第五目「作為國家器官的國會和行政公開的問題；領袖選擇的任務」。第六目「議會制度和民主」。這裡韋伯指出議會化和民主化並無必然的互動關係，而是彼此相對相剋（*WuG*, 1034-1102）。

七、國家社會學中政治的意涵

　　徐賓傑（Gangolf Hübinger）曾在韋伯的國家社會學中發現韋伯對政治有嶄新的看法：第一，政治理論常聯結世界史；第二，不要忽視韋伯思想中矛盾對立的結構。韋伯是在矛盾對立的現象中做出思考和指出其矛盾性。他不似喬治知識圈[1]只圖把矛盾整合融解，或像黑格爾利用正、反、合揚棄矛盾。在韋伯在生之時，此一對立矛盾便展露無遺。當做學者他以價值中立來處理政治，當做政治人物他卻以價值想法對戰後的德國和歐洲做出評論（Hübinger, 22）。

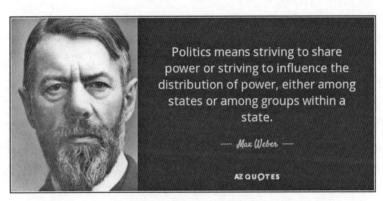

Politics means striving to share power or striving to influence the distribution of power, either among states or among groups within a state.

— Max Weber —

AZ QUOTES

韋伯說政治爲搶權和分權的動作

　　針對韋伯在生最後一課「國家與政治概論（國家社會學）」，許布涅提出三個問題來供大家討論：

1. 韋伯這篇講課應置於德國大學授課的傳統中哪個位置上？因爲當年德國大學、院專尚未建立「政治科學」，而這門學科只在第二次世界大戰後方才出現在日耳曼土地上。
2. 什麼樣的「問題」促成韋伯對當時的德國局勢直接去談國家與政治呢？這就把一戰或知識上具有重大意味的事件來導致他作爲大學者兼

---

[1] 19世紀末出現和活躍在海德堡文藝界的社交圈，係圍繞在斯特范·葛歐格〔喬治〕（Stefan Georg）身邊。他曾發行《藝術活頁》，參與者爲文人與學者。除了文藝的興趣之外，其成員關心時事，卻屬於同情革命的保守派分子。韋伯視葛歐格〔喬治〕爲其信徒的魅力領袖。

政治家去做論述。

3. 既然韋伯用「國家與政治的一般理論」來命名他的講學，那麼我們要提問這個題目背後的知識上的觀點是什麼？這個問題便把他的講課與他作品的主題掛勾。這些主題涉及泛宇歷史（世界史）的觀點、社會行動的概念與經濟和統治的互動的說詞（*a.a.O.*, 22-23）。

要回答上述三個問題，我們首先要檢討19世紀初至20世紀開頭德國學府講授政治學的情況；其次，檢討第一次世界大戰對學界的挑戰；最後，回到韋伯1920年講解國家和政治時的心態（*a.a.O.*, 23-31）。

1. 德國教育的舊傳統

如前所述在韋伯在生之時，德、奧、瑞士三國境內，並沒有獨立和專門的政治科系。最初在19世紀初神學家史萊業馬赫（Friedrich Schleiermacher, 1768-1834）在柏林講授「國家理論」，他是德國觀念論的代表。他倡導自由的倫理文化，他說：政治是一種氛圍，提供立憲君主以公民強有力的代議制度。政治提供規定國家的行政和國家的經濟，俾在外國暴力的挑釁下得以保障文化的完整。這種倫理兼文化的類型之保持對19世紀的變動和震撼的局勢有鎮定維穩的重大意義。在耶林內克和韋伯的著作變成結構上重新形塑、重新建立秩序。

在19世紀中政治的講解轉入史學和經濟學裡。三位史學家（Christopher Dahlmann, Gustav Droysen, and Georg Gottfried Gernus）曾任國會議員，甚至做過宰相、憲法起草委員和報業人士。這三者代表政界三面向：行政首長、憲法專家和輿論操控者。韋伯的下半生與此完全相似，他一度盛傳為內政部長人選。德洛伊森（Droysen）強調權力（特別是倫理的權力）在政治學界的重要性。在韋伯踏入學界的1890年代承襲這種學術傳統者有特萊奇克（Heinrich von Treitchike, 1834-1895）和羅歇（Wilhelm Roscher, 1817-1894）。前者在柏林大學教授政治時，曾大肆吹捧威廉政權，成為國族主義宣傳者，為韋伯所討厭。萊比錫經濟家羅歇講授「政治：君主、貴族和民主政治之自然理論」，這是從新教和保守的立場出發的講法。韋伯曾在1908年批評羅氏歷史主義，要求把政治事實（是）和倫理要求（應當是）加以區分（Weber, 1976: 2-42）。韋伯從德國傳統的政治學走出來是受到什麼歷史條件的制約呢？

Heinrich von Treitchike　　　Wilhelm Roscher　　　英國國民經濟體系

2. 對局勢的反應

　　1900年前歐洲社會面臨的挑戰成爲韋伯理論分析的對象，其精確至今不減其影響力。至於主宰歐洲社會的問題，他報以資本主義制度的結構性分析。20世紀初大家在追求時尚的文化形式與新浪漫主義之際，他以分析世界各大宗教作爲回應。在第一次世界大戰，歐洲陷入自我摧殘、自我消耗之時，韋伯進行泛宇兼歷史性分析統治形式和現代國家。

　　韋伯對第一次世界大戰最先充滿興奮和信心，但美國參戰之後，便知大勢已去，德國敗戰難免。他公然批評德皇做秀太多，受大批庸碌之徒包圍。整個德國領導層無改革能力，也無法瞭解俄國二月革命的意義。在死前五年內他關心人對人的統治和現代國家的重要性。他也爲《法蘭克福通報》撰寫了〈過去和未來德國的國會〉，這成爲戰時檢查制度下「學院式的」文章。在此情況下沒有必要去區分日常政局評論者和深思熟慮的學者的二重身分。至於韋伯常搖擺在「現實的當前和遙遠的過去」兩端是舒路赫特（Wolfgang Schluchter）對他爲學的批評（Schluchter, 1992: 6 *ff*）。這在早期討論古羅馬和當代普魯士農業的問題，以及古以色列政治的煽動家和現代大眾民主領導人，都顯示他喜歡以古喻今，或由今溯古，這是何以他既深研歷史，又喜言現實政治之原因。總之，他的政治學是擺盪在當代與古代兩端之間。

3. 韋伯1920年講課大綱「國家與政治概論」

　　韋伯在世之日所有講授「政治科學」的方式，他都嫌不滿意。雖然當時
已有《政治雜誌》和《政治手冊》之類的學報之出現，但都不合他的胃口。國
家學說教學之可悲狀況和參考書的欠缺，使他在1909年開始著手撰寫《社會經
濟學綱要》，期待藉此開拓新觀點。他一直想要把耶林內克區別「國家法的概
論」和「國家的社會概論」的不同，納入其教學中，儘管他對前者毫無興趣。
在1909年6月給耶氏的信上，便透露他要把「國家的社會概論」建構為「國家
與政治概論」（Hanke und Mommsen, 2001: 101-120）。

韋伯重要著作《經濟與社會》在其死後出版

　　為此韋伯勤勞十年。他於1918年夏天在維也納向學生推銷其講課及內容
大要（Marianne Weber, 1984: 601），該年10月在奧京演講「國家社會學的問
題」。就在這個演講會上，他提起正當性的第四種型態：藉由市民的民主共識
在西洋也可以達到傳統、魅力和法治之外的第四種統治的正當性。他是隨興而
談，還是含有深意而下達這個結論，仍有待確證（Weber, 2005: 755）。後來
的紀錄上我們尚查不到他有正當性四類型說取代三類型說的證據。其後韋伯在
慕尼黑大學繼承布列塔諾（Lujo Bretano, 1844-1935）獲取「社會科學、經濟
史和經濟學」講座後，他在1919年至1920年學期講授「世界社會史和經濟史大
要」。部分講稿則留待第二部分「國家和經濟的型態」之用。
　　問題是韋伯這次命名為「國家和政治概論」的新課對當年政治有什麼新穎

的處理方法？這個問題可能要回到韋伯思想結構內在矛盾，或對立的問題。這是因爲他一方面處理現實政治，他方面又考慮過去（泛宇兼歷史的觀點），以致其想法常擺盪在現代和過去兩端之間。韋伯思想結構中第二項矛盾爲涉及政治的目標在達成社群的福利（亞理斯多德視國家在滿足公民的倫理需求，在止於至善），但實踐這種目的的手段之政治，本質上卻是暴力。韋伯在論述現代政治關係時指出：兩股革命性的力量形塑當代政治，一方來自外頭的理性主義；另一方來自內部的卡理斯瑪。也就是現代社會裡有理性和魅力的兩大勢力所激發的基本緊張，亦即非人身和人身暴力之衝突。在不同的政治秩序下，公民必須對正當性的信仰懷抱不同的看法和信守。就在他上課的慕尼黑（當時正在鬧左派革命）也就是巴伐利亞共和國既有「蘇維埃，又有擁護君主，更有贊成民主體制者」，他們彼此對抗和拚鬥，爭取符合憲法正當性的信任。在他晚年最後的一課中，他提出人群組合政治團體的泛宇兼歷史人類學的步驟。第一步，人採取任何行動都是他（或她）對此行動會賦予對其個人主觀的意義，政治行動可以解釋爲統治者主觀性要求被統治者的服從；第二步，所有的社會關係都是拚鬥。韋伯說：「文化生活中無法排除鬥爭」（Weber, 1976: 517）。從馬克思的「階級鬥爭」到達爾文的「種族鬥爭」，均說明人際拚鬥無處不在；第三步，拚鬥的關係最終結果就是制度化。異質的利益情境和價值立場創造了正當的秩序，鬥爭恢復和平和秩序。

　　從古代家族中的頭目到今日工業社會煽動家的發號施令都是這三部曲的複製，即便是現代的凱撒式魅力領袖之統治，無論是有產者（資本主義）的國家，還是無產階級（社會主義）的國家，最終全社會必然正當化暴力的壟斷。

　　意義關聯（Sinn-Bezüge，行動賦予意義）、鬥爭關係和服從的好處構成政治團體歷史理論三步驟、三要素，這是第二帝國富有革命性的新想法。對於20世紀政治科學的發展（發展爲學院的專科），這種歷史性的理論提供後來建立模型的基礎，其中又以官僚體制和魅力領袖成爲其追隨者研究的主題。

　　一般而言，韋伯在其統治社會學中，並沒有偏袒魅力型或法律兼合理型的正當性，而是三者（傳統型、魅力型、法制型）之混合和修正。

　　韋伯1920年的講課大綱基本上支持他在《經濟與社會》舊稿中對三種統治正當化採取開放的立場，加上強調外在合理性和內在卡理斯瑪兩股革命性勢力的夾擊，以及傳統性屢遭魅力型的干擾所形成的人類史、人類政治史。

八、結論

　　韋伯自認為經濟學者、社會學家、歷史學者、文化關懷者,但從來不會自稱為政治學家。然而他對政治,不管是現實日常的政治事務,還是寰宇性和歷史性的政治理論,都令他追求不捨。在〈以政治為志業〉一演講中,他指出:「政治對吾人而言,意指群體之間或國際之間或一國之內追求共享權力,或達致拉幫結派。政治家應懷抱熱情,政治家應像堅硬的木頭耐鑽耐操」(*GM*, 128)。作為熱心政治參與者,韋伯關懷的是第二帝國崩潰前的德國現實政治,但也關心俄國的革命,為此還與馬克思一樣自學俄文,俾能讀報吸收新知。他本身為國族主義者,更是自由主義者。

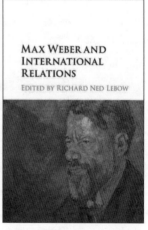

《以政治為志業》　　　　　《俄國1905年革命》　　　　　《韋伯與國際關係》(英文)

　　韋伯著作裡有國家社會學,卻沒有政治社會學的題目。但他在《以政治為志業》和《社會主義》以及論述統治時,便涉及政治社會學,這當然包括他論述國家在內。他在人群的社會行動中,分辨「政治取向的」和政治的行動,前者為爭取權力或影響權力的行動;後者為政治人或政治群落有組織的行動。前者為「政治組織〔團體〕對政府施行的影響,特別是剝奪、重新分配和分配權力之謂」(*ES*, 54);後者則是「政治群體實際的、有組織的行動」(*ES*, 55)。現代社會的政治氛圍是充滿理性,現代政治人(*homo politiucs*)也是合

乎理性（*ibid.*, 333）。韋伯在分析國家與統治時，正是他對政治社會學最大的貢獻。其中，韋伯對三種權威和統治的定義尤其著名（*ES*, 54-56; 212-307）。這都是《經濟與社會》最精彩的部分。此外，韋伯對民主、國族、政治社群、政黨、公民群體、領導層的社會學面向之分析，極有見地。

在討論政治時，不能不先把理論和實踐、事實和價值加以區分，這就涉價值中立的問題。和一般的想法不同一，韋伯絕對不認爲以下的說詞有何不妥，亦即科學所鼓舞的熱心參與政治事件或政務所引發的科學研究並沒有什麼不妥。他僅對理論和實踐這兩項氛圍不考究地混爲一談，無法忍受而已。在討論政事時，一方面要盡可能地公開其立場，他方面要不斷地分辨科學分析和政治效準和其演繹過程。

科學演繹和價值選擇是兩碼事，必須分開評估其效果，前者爲理性量測；後者爲個人好惡。爲此他不會支持實證主義者心目中的科學爲「價值祛除」，或極端者的「價值判斷中立」，這離政治太遙遠（Mommsen, Wolfgang, 1998, 8）。

再者，研究者對某些政治事件產生興趣，則在科學分析中價值判斷應該讓位給價值關聯的判斷，因爲後者突顯了某些價值面向，而引發研究者的興趣，而無須堅稱此一價值內含的研究效果。考慮和選擇某些對研究者有拘束性的價值，並依此準則去行事是屬於研究者作爲獨立自主的人格的一部分。因之，政治上的價值決定基本上無法讓科學準入（access）（用科學來說明科學家這種科學態度或立場之是非對錯）。另一方面科學卻能查出某些決斷可能產生何種結果，而指出這一決斷和理想的接近性、落實性（*ibid.*, 9）。

韋伯的政治作品約具有兩種性格，其一，現實政治問題，亦即19世紀下半葉和20世紀開頭二十年圍繞德國、歐洲和世界的大事，包括第二帝國的內政和外交、政治人物的臧否、戰爭與和平和世局演變。其二，跨越歷史和地域擴大政治問題至更高理論（泛宇兼歷史，universal-historical）層次，俾這種政治理論可以放諸四海而皆準、俟諸百而不惑。一言以蔽之，完全聚焦於德國在過去與現在的國運之上。

由於其著作跨越二十五年，所以其中理念的發展和變化在所難免。例如開頭所強調的種族的不同到後來放棄用種族來解釋政治。但也有不變的看法，例如韋伯堅信政治脫離不了「奮鬥」、「衝突」（Kampf）。他的主旨不在強調政治在謀求人民的物質利益，而是在任何社會秩序或經濟秩序上人民生活素質的提升，所有政治經濟應致力於「建構人的偉大和提升人性的高尚」。政治經

濟學也是廣義的政治學之一部分，也是政治的僕人，致力的不是日常政治的處理，而是促進國族長遠的利益和權力（參考Lassman and Speirs, 1994, xl）。

慕尼黑中心地帶的韋伯廣場

韋伯法律社會學的析評

第五章　韋伯法律社會學的析評

一、前言

二、韋伯的方法論

三、韋伯法律社會學的出發點

四、韋伯的法律定義

五、法律的分類

六、法律的演進

七、法律與政治結構（統治型態）之關係

八、法律的自主與經濟的自由

九、法律與資本主義的關聯

十、大陸法與英國法之區別：韋伯法律社會學之困惑

十一、對韋伯法律社會學之批評

十二、結論

一、前言

　　作爲19世紀下半與20世紀初葉，西方思想界與學術界聲望最高的社會學家、歷史學家、經濟學家、文化哲學家的韋伯，誕生於1864年4月21日的德國圖林吉亞邦埃福特城。其先世經營紡織業；父親（Max Weber sen, 1836-1897）曾任律師，屬於親俾斯麥的國族自由派人士，當過國會議員，與柏林政要多所來往。其母（Helene Fallenstein, 1844-1919）爲虔誠的喀爾文教徒。父親威權式的作風，與母親壓抑喪子之痛（韋伯有兩個手足早夭），爲了顧全父親的面子而強顏歡笑相忍持家。父母的不睦，造成他在三十三歲（1897）時一度精神崩潰，經過五年的旅行與講學交互療養之後才告復原。韋伯在1882年至1884年間在海德堡求學，習法律史與經濟史。其後受其姨父鮑姆加田影響至深，鮑氏對自由主義深信不疑，不肯接受俾斯麥國族主義的影響。韋伯的政治理想很大程度是受到鮑氏的啓發。1884年在史特拉斯堡服完兵役的韋伯返回柏林與其父母同住，直到1893年秋才又獲得外出工作之機會，此時他在柏林服律師實習工作，並與德國女權運動先驅的瑪麗安妮・施尼特格爾結婚。

韋伯的雙親　　　　　　　瑪麗安妮　　　　　韋伯夫婦旅遊義大利

　　由於專心研究，加上他的慧識特出，只在柏林大學工作一年之後，便被佛萊堡大學聘請爲正教授，開講經濟史，1896年改前往海德堡大學任教。這時韋伯已出版了有關古羅馬的經濟史與中世紀歐洲行會商會之組織，也撰述德國股票市場的興衰。這些年代他在政治上也相當活躍，接近的是新教社會協會的黨派。1903年他精神病癒，之後雖辭掉海德堡教職，然而父親逝世（1897）後獲

得一筆遺產，使其在1907年財政上得到獨立。令人不可思議的是他的久病，不但沒有傷害他的智力，反而在病困中獲取真知灼見，而覺悟到喀爾文教的清規勤儉，逼迫教徒努力工作，俾來世有機會作爲上帝的選民。這種新教的倫理對資本主義企業家經營精神產生重大的衝擊。1904年至1905年間韋伯在《社會科學與社會政策文庫》上發表了〈新教倫理與資本主義精神〉一長文，後來集結變成專書出版。此書引起的爭議與轟動，更證實韋伯的才華。

1910年在韋伯的協助下德國社會學會成立。在成立大會上，他發表了俄國神秘主義對他思想之衝擊的演講。俄國的神秘主義與德國入世的禁慾主義剛好針鋒相對，前者指示教徒的救贖在於與上帝融爲一體，成爲聖神的容器；反之，後者強調人的工具性，人藉勞動與祈禱的手段，來邀取天寵，獲得拯救。自1910年以後韋伯的思想，特別是涉及經濟史與文化史的社會分析，便受到禁慾主義與神秘主義相反而又並行的關係所左右。

1910年，歐洲面對第一次世界大戰即將爆發之際，中產階級社會有趨向解體之虞。韋伯的海德堡住宅成爲當時文藝批評家、學者、思想家集會討論的場所。在這段時間韋伯也經歷了平生第一次的婚外情，在1916年刊載的文章〈用宗教來排斥世界及其流向〉，韋伯把宗教形式中情慾、禁慾與神祕做了深刻的剖析。

在對社會學基本概念與方法論的剖析之外，韋伯致力於中國、印度、猶太、伊斯蘭的宗教與文化的考察。其重要的著作《經濟與社會》，便在分析西方文明特質的理性如何產生，其對社會生活與經濟生活會產生什麼樣的結果：合理性會不會把現代人化做「鐵籠」中的囚犯？韋伯在第一次世界大戰結束後，幫忙德國民主黨之成立，並協助起草威瑪共和新憲法，卻於1920年6月14日罹患肺病逝世於慕尼黑，享年才五十六歲而已。

在韋伯的主要著作《經濟與社會》一書共兩卷中，總共1138頁裡頭，法律社會學（*Rechtssoziologie*）位居全書第七章約占150頁（S. 495-626）左右。這部分共分八節，從法律涉及的範圍（公法、私法、民法、刑法、犯罪、偏差行爲、法律與程序、理性法律的範疇），至主觀法律的理由（包括自由權、委託、契約在內）、法律思想與法律主事者（Rechtshonoratioren）、法律形式與實質的理性化、法律制定與明文化、透過革命的制法與自然法至現代法律的形式性質，可謂琳琅滿目、範圍廣泛、包羅詳盡、討論深刻，是韋伯作爲一位法律史家、法律理論家，也是他後來參與德國共和新憲法的起草工作，把法律的理論與實踐加以綜合精煉的思想結晶。

《經濟與社會》德文不同版本

　　韋伯有關法律社會學的著作，除了顯示他廣博的學識（他引用了羅馬法、
日耳曼法、法蘭西法、盎格魯撒克遜法，還進一步探討猶太法、伊斯蘭法、興
都〔印度〕法、中國法，甚至波利西尼亞習慣法）之外，便是一大堆有關法律
的概念、專門術語，使讀者無法跟進，不易掌握他的本意。更何況他使用了精
粹的語言、簡約的文體，使讀者「看到理念與觀察的拼湊……也看到各種案例
的東擺西放、隨便堆積……讀者常由一個主題轉換到另一個主題、由一個層次
提升到另一層次，而看不出他們之間的關聯」（Kronman, 1983: 2）[1]。顯然韋
伯並沒有期待讀者在沒有獲得有關法律制度與法律歷史的知識之前，就冒然閱
讀他這份艱澀的著作。不只人們要具備相當的法律知識，也要對韋伯整個社會
學，甚至整個有關經濟、法律、社會、宗教的學說都有了相當的概念與認識之
後，才能踏入他法律社會學殿堂的門檻（Zeitlin [1985], 1991: 268）。而他的社
會學說又與他的社會科學方法論分不開，所以我們有必要先討論他對人文與社
會現象所採取特殊的研究途徑。

---

[1]　Kronman有關韋伯法律社會學的專著不只在說明韋伯思想的前後連貫，也把他理念中
的前後矛盾顯示出來，原因是韋伯的法律理論與他的社會性質之分析，以及社會科學
的見解充滿衝突，這無疑地顯露韋伯知識方面之精神分裂（見Kronman, 1983; Trubek,
1985, 1986, 1991）。

韋伯的法律社會學與方法論　　　韋伯的法律社會學手稿　　　作爲法律社會學家的韋伯

二、韋伯的方法論

　　韋伯的社會學說與其方法論關係密切。韋伯的方法論在很大的程度內反映了德國自康德、黑格爾、馬克思等先行者對主體與客體、心靈與物質的雙元論，或精神意識之推崇、物質生產之首要等學說之反彈、修改與吸收。有異於馬克思談異化與剝削，韋伯的方法論，特別是方法論的個人主義，促使他認爲在資本主義生產方式下，理性化的過程導致人被宰制。宰制的來源爲經濟與官僚體系擴大與彼此滲透，以致每個個人，包括個別的工人都要受到傷害，這也就是他所說的現代人被關進「鐵籠」當囚犯之宿命（Beirne, 1982: 44-54）。

Carl Menger

Gustav von Schmoller

　　韋伯曾經參加至少兩次有關方法論的爭辯（Methodenstreit）。其一為社會科學究竟應採用演繹法，還是歸納法。主張前者為孟額（Carl Menger, 1840-1921），贊成後者的為史沫勒（Gustav von Schmoller, 1838-1917）。韋伯因為是德國「社會政策學會」（Verein für Sozialpolitik）創立人之一，似乎也與該派領導人史沫勒的觀點接近，至少重視經濟現象的歷史變化，不過從他演展出一套社會學的基本範疇來看，他似乎也不排斥演繹法之應用。其二為韋伯與史丹木勒（Rudolf Stammler, 1856-1938）[2]爭論社會科學是否應把事實揭述（或分析）與價值判斷分開的所謂「價值中立」之爭。在這裡韋伯大聲疾呼作為社會科學的學者，必須摒除個人主觀的偏見，進行客觀的經驗研究。也就是研究者對研究目標好惡的態度與感受擺在一邊，或事先確認並讓他人知道其立場，完全以客觀如實的中立心態來進行研究。易言之，不要把主觀的想法混進客觀的研究對象裡頭，也就是不要把價值判斷與事實分析混為一談（洪鎌德，1998b：80-95；1999a：190-193；1999b：142-146；1999c：22-26）。

　　很顯然地，之所以會引發德國學界19世紀末20世紀初方法論之爭執，主要是因為社會學家力圖把自然科學研究法引進到社會的考察之上，這是自孔德以來社會學主流的實證主義所堅持的研究方向。可是受到世界觀哲學或精神科學等新康德學派影響的韋伯，卻主張以「瞭悟」（*verstehen*，解釋、詮釋）的方法，來理解人文與社會現象。其原因為人文與社會現象所呈現的是獨特的人群之本質，像意志、意識、心靈、自主，都是人類與其他動物，以及世界其他事物截然有別的所在。只有對人們行動的動機、目的和意義有所瞭悟，我們才可望對社會、歷史、文化有所掌握。

2　史丹木勒為19世紀末20世紀上半葉德國著名的法律哲學家。他主張法律觀念應回歸到康德哲學之上。他引起韋伯注意的著作為《唯物史觀的經濟與法學》（1896, 1924）。史氏另外主要的著作為《正確法權之學說》（1902, 1926）、《法律哲學教本》（1922, 1928）、《法哲學論文與講稿》（1925）2卷等。

圖內文字：

Max Weber

Verstehende Soziologie : Entzauberung der Welt
Max Weber
(*1864 in Erfurt — †1920 in München)

Geschichte der Soziologie

韋伯：瞭悟社會學和世界去魅化

　　社會現象的因果關係固然要加以理解，但人類行爲的意義更要社會學者去「瞭悟」。作爲科學之一的社會學必須去掌握行動者賦予其行動的主觀意義，並瞭悟其行動的客觀原因與結果。是故對韋伯而言，社會學在兩個層次上提供解釋，其一爲意義的層次，其二爲因果的層次（Zeitlin, *ibid.*, 362）。

　　所謂的瞭悟包含同情的理解，以及設身處地爲人設想之意思。由於人們的行爲從最富理性到充滿情緒衝動不一而足，是故可被檢驗爲眞確的瞭悟包含了合理的分析、同情的參與，以及美學上的欣賞。事實上我們所以能夠瞭悟到別人的心境，常是以心比心參與到其情感、情緒之中。但瞭悟有時卻是冷靜的、冷酷的、分析的，那是當人們進行邏輯推理、數據測算、訴訟析判之際。當行動者的手段與目標確定，並以其手段來達其目標之後，吾人才算掌握了他行動的意義，這便是韋伯所稱呼的目的合理性行爲（Zweckrationales Handeln）。這是講究以何種有效的手段達成既定目標的行爲（洪鎌德，1998b：9-13；1999a：199-204；1999b：227-243；1999c：162-206）。

　　人們除了擁有目的理性的行爲之類型以外，尚有追求一個崇高，或遙遠的目標而不惜支付個人自由與身家性命的代價（例如捨身求仁），這就是價值合理的行爲（Wertrationales Handeln）。至於因激情或情緒失控，完全率性而行的行爲，韋伯稱做情緒的行爲（affektuelles Handeln）。此外，日常生活充滿慣習行徑，完全師法過去例行的做法，這便是他稱呼的傳統的行爲（traditionales Handeln）。由是可知韋伯以「理想類型」（Idealtypen）的分類方法把人們的行動做了四種的區分，這四種行爲並非人們實際行爲的分類，也

就是並非「實在類型」（Realtypen），而是在學理上勉強區分爲四種。實際上的人群行爲是上述四種類型的重疊交錯的表現（洪鎌德，1999a：199-200）。

　　對韋伯而言，社會界乃是互爲主觀的世界。不過強調互爲主觀，並不排斥人群互動所產生的結果可能是客觀的，外在於個人之外的事物。原因是社會關係影響到人類存在的品質，也就是影響到他們的「生活機會」（Life chances），儘管人們往後還要生存下去或面對死亡，但不要忘記互爲主觀常造成，或取得客觀的表象，形成行爲的模式，這些互爲主觀的行爲模式在人類的行動中，起著指引的作用，並且會把其行動發展成特定的模式。但不是所有的行動模式都有行動者所賦予的主觀意義，是故韋伯提醒社會學者不可忽視沒有意義的行動模式。儘管人群的行動、條件、事故也會出現無意義，但這些行動、條件、事故卻可能妨礙他人的行動。是故只要有這類足以讓人們取向的無意義之行動、條件、事故出現時，社會學者仍不可掉以輕心，還是要加以關注與分析。

　　最後，學者關懷行動者的主觀意思，並不意謂所有的行動者永遠會意識到其企圖與心向。事實上韋伯上述行動四分法，亦即其理想類型所關懷的不只是有意識的，也兼及無意識的人類行爲，更不要忽視人們所進行的行爲，常會產生意想不到的結果，或側（負）面的效應（Nebenswirkung）。這也是社會學者在研究時，不忘幫忙行動者做前瞻性的分析，而及時提出預警之所在。

三、韋伯法律社會學的出發點

　　馬克思採用一種工具性的觀點來解釋法律，認爲法律隸屬於社會的上層建築，是意識形態的一環，它是下層建築的生產方式之反映，也是資產階級壓榨與剝削無產階級的工具。這是採用唯物史觀的方式來看待法律與社會的關係。對此韋伯有相當的批評，儘管他認爲唯物史觀是啓發思想、發現新知的設計（heuristic device），但把法律視爲受到生產關係的決定，是一種經濟決定論，這就像法律理想論一樣的片面專斷。至於主張法律理想論或法律唯心論的

人，乃是批評馬克思唯物論的德國法哲學者史丹木勒[3]。因之，韋伯的法律社會學可以說是既批評馬克思的唯物論，又拒斥史丹木勒的唯心論，企圖從歷史事實勾勒出社會學的概念，而把法律當成思想、制度、執行者合建的社會次級體系，但卻靠政府的權力來強制推動，其獨立的運作，不是受個人主觀意念或外頭經濟勢力所直接操控的。

　　韋伯與馬克思的關係，並不限於前者對後者唯物史觀的批評。根據蔡德麟（Irving M. Zeitlin）的說法，在與「馬克思鬼魅爭辯」中，韋伯很多的成果之觀念，就表現出來。在與馬克思主義的對話中，韋伯或挑戰馬氏本人，或其徒子徒孫的說法。在某種場合下，韋伯似乎又讚賞馬氏對經濟的強調，在另一情況下，他甚至運用馬氏的概念予以發揮、補充。在馬恩逝世後，他們有關經濟發展與階級形成的唯物史觀被其黨徒化約爲科技決定論（technological determinism）。韋伯便批評經濟與科技的決定論爲片面的說詞，認爲帶動歷史變遷的固然是人類滿足物質的需求（唯物論），但意識與意志的獨立自主也可以扮演推動歷史進步的動力。韋伯的學說是採用開放、多元的方法，探討經濟與社會其他制度之間的互動。經濟條件（求生存的物質奮鬥）對其他制度的影響，以及受其他制度的衝擊，成爲韋伯終身研究不輟的主題。他對宗教的研

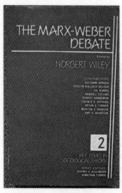

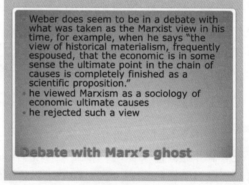

馬克思—韋伯的爭論　　　韋伯拒絕視馬克思主義爲經濟原因的社會學之看法

---

[3] 史丹木勒不討論法律本身，而討論對法律的想法與看法，也就是企圖在法律實質材料上尋找觀念的「範疇」。依據他的說法，法律的基本範疇爲「意志」（Wollen）。因之，形式化的法律乃爲「不容毀損、自我克制、具有拘束作用之意志」。正確法律的理念或基本原則爲形式的，因爲立基於遵守與參與。法律在體現具有自由意志的人群所形成的社群之形式化理念。

究，在於發現新教倫理對近世歐洲資本主義精神，也就是西方經濟制度產生的刺激，但他反對以精神、理念、宗教改革等唯心論單一方式來解釋資本主義的崛起（Zeitlin, 1991: 305-314）。

在反對馬派經濟決定論時，韋伯指出法律與經濟關係變化多端，不能一概化約爲決定論的因果模式。在其巨著《經濟與社會》一書中，韋伯分辨了「經濟的」、「經濟關聯的」和「經濟決定的」三者之不同（洪鎌德，1999c：74），而反對把「與經濟有關聯的」事物（或因素）混同爲「受到經濟因素所決定」。舉個例子，契約是資本主義生產方式有關聯的法律形式，而非受到資本主義生產方式的決定之法規（Turner, 1996: 319）。

如果說韋伯拒斥了馬克思以唯物論來解釋法律的生成與功能，他也反對史丹木勒把法律視爲民眾心靈的反射，也就是反對後者的唯心論。原來史氏在1896年出版了《唯物史觀的經濟與法律——社會哲學的探究》，批判了馬派的法律唯物主義。

史氏聲稱社會生活的構成取決於人民的遵守公共規則，這些公共規則的本質具有法律性，但遵守公共規則的原因在於這些規則與法律體現了公平與正義，也就是含有道德倫理的目標。是以法律學者與社會科學家只能「解釋」民眾守法的行爲，而有異於自然科學者採用因果關係來「證明」自然現象受到什麼因素的決定，自然現象的規則性是靠因果關係來說明清楚的。由於史氏把法律當成道德體系來看待，而有異於韋伯把法律當成政治勢力所支撐的強制性命令來處理，因之，史氏學說之受到韋伯的抨擊是不難想知。

含蘊在史丹木勒學說之內的是，認爲公共規則與法律在體現公平與正義的目標，這是把遵守法律這一事實，與實現公道這一價值混爲一談。韋伯則認爲執法者（包括立法人員、司法人員、法律詮釋者）都是確認法條的價值，屬於教條的擁護者；反之，社會學者（也包括法律歷史學者）卻要把價值擺在一邊，專心致志去研究事實，是故必須把價值與事實分開，做到價值中立或價值祛除的地步。法律工作者在尋求法律的眞實、精確、適用；反之，法律社會學家則在鑑定法律判決與執行後的經驗性後果。因之，法律科學者（法律社會學家、法律歷史學家，及其他法學研究者）不在尋求、證實或詮釋法律本身裡頭的「眞理」、「正義」、「公平」。前者注意法律的實質效力和法律規範的意義；後者則注意：

　社群中眞正發生的事件，這是由於社群中的成員參與公共的活動之

可能性（chance）所造成的。特別是那些使用與社會有所關聯的權力之士，他們在主觀上會考慮到某些規範對他們有拘束力，而願意遵守。換言之，他們的行動完全朝著這些規範的方向而展開。（Weber, 1968: 311）

這裡韋伯只注意到法律所呈現的經驗性效力（empirical validity），而不討論造成人們順從法律、遵守法律的種種動機。因之，對他而言法律僅是一種「命令」，這種命令具有保證其經驗性效力之可能機會（Chance, probability）。法律命令之具有經驗性效力，在於有一群人（司法人員），其職責爲以強制的方式來保證法律的推行（Weber, 1968: 317）。換言之，對執法者而言，法律規範是一套邏輯結構非常嚴密圓融的規則之總和。人們的行爲是否牴觸這套規則，是由法官、檢察官、律師來爭辯裁決的，其辯論之焦點在於社會行爲與法律規範有無牴觸，以及行爲結果所受的懲處，也就是法律規範的適用問題——適法的問題。反之對社會學者而言，有效的法律規範與人們實際的行爲之間有很大的差距，前者爲恆定的常規，後者則爲變化多端的實踐。同一常規卻有不同的行爲反應，這就成爲社會學考察的課題。進一步來說，法律社會學不探究法律體系本身的內在效力、不追問法律內容是否符合社會公平與群體價值，而是以價值中立的態度來探討法律的應然對人群實踐的實然之影響，也就是法律推行的實際效果與社會的反應。這是他的法律社會學第一個主題。

韋伯法律社會學的第二個主題是，他認爲經過一段世俗化與專業化之後，無瑕疵、無空隙的理性法律之體系便成了資本主義貨務穩當的交易與流通之必要條件。法律固然在爲宰制階級服務，成爲資產階級保護與促進其利益之手段，但有異於馬克思視法律爲資產階級剝削無產階級的工具，韋伯坦承法律，特別是勞動契約，對資產階級固然有利，但對工人則爲解除經濟壓力、滿足生存的需要，因而便利工人尋求工作機會的契機。因之「契約自由的結果，不過是爲〔資產階級〕開啓方便之門，善於利用市場上擁有資產的好處，而在沒有法律限制之下援用其資源，以達到對別人行使權力之意圖」（ibid., 188-189）而已。韋伯接著說，儘管法律對資產階級有利，但法律的產生與壯大並非資產階級單獨的努力，而是歷史與社會因素促成的。這包括大專學院接受過法學訓練與養成的法律專才，他們自動形成社會一個群體與階層，而講求其專業利益的成長。是故把法律當成是資產階級推動的產品，而忘記了專業人士的奮鬥與

爭取，都是片面的說詞。上述韋伯法律社會學這兩大主題，成為近年來西方，特別是英美法律社會學家、法律理論家爭執的議題（Turner, 1996: 329）。

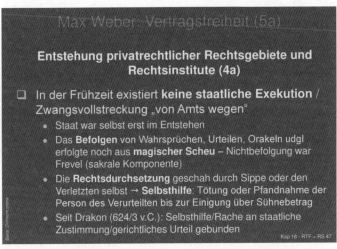

私權法律場域和法律制度之崛起（早期法制之施行）

四、韋伯的法律定義

前面提到韋伯強調以社會學的觀點來看待法律，法律規範須具有「經驗性效力」，以別於法律工作者視法律擁有「實質的效力」。對他而言，法律乃是一種「命令」（order），這種命令必須具有展示經驗性效力的機會。也就是藉「鎮壓的機構」（coercive apparatus）來保證這一命令被接受、被遵守。因之，他說合法的命令會變成法律：

> 只要有軀體的，或是心理的鎮壓手段之存在，只要是這些鎮壓手段握在一人或一群人的手中，只要引用這些手段於某些案例之上。換言之，只要我們能夠找到一個團體，其職司爲專門致力於「法律的鎮壓」（Weber, 1968: 317）。

韋伯在《經濟與社會》一書中有關法律的論述（英譯）

這說明了韋伯認為法律有異於其他社會規範的地方，在於法律經驗性的效力，有保證其展現的機會，或稱展現的可能性。法律經驗性效力有機會展現的原因，則為背後有一個國家機關的鎮壓，在要求或脅迫老百姓順服與遵守。因之，韋伯進一步說明法律為「人群行為確實的決定理由（Bestimmungsgründe）之綜合體」（*ibid.*, 312）。法律效力之有無繫於人民遵守與服從機會的大小。韋伯引進「機會」這一概念對社會學理論的建構與演展有重大的貢獻。原因是社會學家使用「機會」一詞來衡量法律的效力，可以避免把效力解釋為人群百分之百的遵守，只要有多數的人群的默認、順從，那麼該法律規範的有效性便可認定，更何況這種遵守的機會與可能性還因為法律後頭的鎮壓機構之存在而大為提高（Käder, 1988: 145）。

在歷史的發展過程中，法律鎮壓由家長、酋長、長老、祭司的手中，轉變成國家的專利，是故韋伯接著說：「法律被國家所保證，是因為法律的鎮制，是藉由政治社團〔國家〕特殊的、直接的、形體的鎮壓手段所執行的」（Weber, 1968: 314）。不過單靠鎮壓，無法保證法律施行的效果，「人群之守法在很多情形下是怕周遭〔人群〕的恥笑、譴責」（*ibid.*, 134），也就是基於功利的、論理的、私自主觀的動機。

歐爾布洛夫（Martin Albrow）認為韋伯在早期批評史丹木勒的法律理想主義（唯心論）時，已把法律分辨為法學家與法律工作者的教條觀與社會學家的經驗性法律觀。這種以維護法律的價值與剖析法律作為人群社會生活之一部

分，而探究法律與其他社會制度之關聯，是兩種不同的法律界定，這是有所差異的，終韋伯一生這種差別並沒有取消。只是後期的韋伯（撰寫《經濟與社會》的時候），把法學者（與法律工作者）對法律的看法擴大到不只在法律規範中尋覓更適當、更妥切的條文，或是把法律適時嵌入到法條體系中，也兼及其他因素之上。這樣一來法理觀與社會學觀的法律之區別就較符合學術之觀點，而不致成為韋伯獨斷的主張（Albrow (1975), 1991: 328-329）。

上述這兩種對法律不同的看法之所以存在，乃是由於韋伯堅信價值與事實不容混淆的結果。換言之，價值的判斷與事實的分析區別了法律專業者（法官、律師、檢察官、法律解釋者）與法律社會學家工作和角色之不同。韋伯的社會學就是建立在這種價值與事實分開之必要的確信之上。

正如前面所提起法律與慣習、道德命令、宗教教條之不同處，為法律帶有強制性，當法律被侵犯、被違背之時，有機會供專職有司來執行、來制裁。是故韋伯說：「在我們的情境〔脈絡〕之下，法律概念可以界定為仰賴執行人員。可是在別種情況下，〔法律〕別種的定義也可以適用」（*ibid.*）。換言之，韋伯所選擇的定義，主要在以社會學的觀點來加以界定法律。在這種說詞下，國際法就不被視為法律，因為國際法上無執行的機構（不要把國際法庭、國聯或聯合國看成國際法的執行——對違法者加以懲處——的機構）。

另一方面，韋伯又分辨法律條文理想的有效性與經驗的有效性兩者。前者是法律專業追求的目標，後者則是法律社會學家衡量法律條文對現實世界有無可資證明的效果之判準。為了強調法律具有經驗性效力之重要，韋伯說：「我們所理解的法律，簡單地說是一個『秩序〔命令〕體系』，此一體系擁有特殊的保證，亦即保證其經驗效力有實現的機會」（Weber, 1954: 9）。在這裡看出，韋伯基於社會科學方法論的考量，一再強調法律必須具有經驗性效力，但這種界定下的法律與法律專業（才）人士的法律觀有何不同？這都會啟人疑竇，而成為後人對韋伯法律社會學批判的所在。換言之，韋伯排斥了馬克思的唯物論，也排斥了史丹木勒的唯心論，認為唯物或唯心的決定論都無法彰顯法律的真義。但他對法律所下的經驗性效力說詞，卻陷他的理論於社會學的決定論（sociological determinism）之窠臼中（Albrow, *ibid.*, 330-331）。

五、法律的分類

韋伯利用理想類型的方法，來為法律做一個分類。他分類的座標一方是理性、或非理性；另一方為形式與實質，這樣我們便獲得四種不同的法律類型：

表5.1 法律制定中法律體系的分類

形式或實質 ＼ 理性或非理性	非理性	理性
形式	(1)形式／非理性	(4)形式／理性
實質	(2)實質／非理性	(3)實質／理性

資料來源：Trubek (1972), 1991; 133；經作者改製。

形式與實質涉及的是「形式化」（formality），所謂的形式化依據儲貝克（David M. Trubek）的解釋是「使用內在於法律體系的決斷標準」（employing criteria of decision intrinsic to the legal system），也就是這類的社會規範完全符合法律系統的要求、內在於法律系統的本身，而非求助於法律之外的社會需求（道德要求、宗教需要、政治命令、經濟利益的考量等）。此舉在說明規範是屬於法律規範，而不是其他性質的規範相交錯，這也作為衡量法律體系是否發展成熟，達到充足、自主、自決的地步之標準。

至於合理性與非理性，則牽涉「合理性」（rationality）的有無，或合理性的程度大小。依儲氏說詞「合理性是遵守能夠應用到所有同質或類似案例的決定標準」（following some criteria of decision which is applicable to all like cases），也就是法律規範能夠普遍地與廣泛地應用到涉及的人、物、事之程度。亦即所有類似的案例，可否使用同一條文來裁決的問題。合理性的指標為法律規範的普遍性（generality）與廣泛性（universality，普泛性、普世性）。

1. 形式的非理性之法律

是指法律的裁決，靠祭司或先知的決定。其源泉或為上天的神諭、顯靈，或為卜筮之顯示。當執法人員宣布決斷（裁決）時，他不引用一般的標準來裁定，甚至也可能與爭執的當事人，以及與案件無關的事項來裁定。即使裁決的

標準內存於該司法制度（神的召示之制度、祭司制度）本身，但卻是外人所無法明瞭的。在裁決作出之前，觀察者事先既無法預測結果，事後也無從理解裁決的因由（除了「神的意思」、先知的決定之外，無從理解何以作出這類的裁定）。

2. 實質的非理性之法律

此種法律的裁定，其標準可被觀察與識知，但裁決的標準，卻非基於法律體系本身的考量，而是具體的道德要求，或其他現實（政經社會、文化、價值）的考量，以此考量去理解或預測類似的案件，則無任何的把握可言。

3. 實質的理性之法律

這種法條所引用的標準不屬於法律體系本身，而是其他體系的考量（政治上的意識形態、宗教上的流派與信條等）。這些法律以外的思想體系一旦獲得認識與瞭解，人們或可以合理地理解法律的運作。但這種合理的理解之程度有限，原因是把體系外的概念轉換為法律體系內的規則，常不易準確掌握，而其間的變化與差錯頗大。

4. 形式的理性之法律

這是由訓練有素、經驗專精的法律專家（立法者、法律執行者、律師、法官、檢察人員與法律學者），依據法律思想之邏輯、推演與建構的一套可以規範所有社會行為的法律規章，也是法律思想具體而微，落實的法典、判例、實質法與程序法之總和。因此這種法律也叫做合乎邏輯形式的合理性（logically formal rationality），其典型代表為延續羅馬法的精神所建構的德國民法及與此相關的整個德國法律制度。

形式理性的法律之制定牽涉到「方法論理性與邏輯理性最高的量度」，這是從下列五個設準引申而得：「第一，每一個具體的法律裁決都是抽象的法條對具體的『事實情境』之『應用』；第二，依靠法律邏輯從抽象的法條中能夠找出裁決，俾解決每個案例；第三，法律必須在現實上真正地能夠建構一個『無瑕疵、無漏洞』的法條體系，或至少被當做這種無瑕疵、無漏洞體系來看

待；第四，凡是用理性的方式無從做法律上的『引申』（意涵）之物，被視為與法律無關之事；第五，人群每項社會行動必須看做法條的『應用』、『執行』，或是對法條的『侵犯』、『違逆』」（Weber, 1954: 64）。

六、法律的演進

韋伯這四種法律或法律體系的分類方法，是他以法律社會學的觀點，或稱是概念的分類方法來加以區分的。正如同理想類型並不反映現實的世界，也無法從歷史經驗來證實，卻可以藉「選擇的近似性」（Wahlverwandschaft）來尋求接近的例子。同樣這四種法律體系或法律思想的分類，只有在歷史的案例中方能找到相近的例子。

在歷史哲學的研究途徑上，韋伯採用的無疑是進化論。而上述四種典型的法律體系，似乎也循歷史進化的軌跡在往前發展。這四種類型的法律體系，代表四種不同的法律工作者（專司法律案件之制定、裁決、執行、詮釋的人員），在不同時期對法律所做的工作，是故韋伯說：

> 法律與程序一般的發展可以看做歷經以下不同的階段：第一，卡理斯瑪式法律的天啓（啟示），依靠的是「法律先知」；第二，法律經驗的創造與尋求，依賴的是法律優位者……第三，世俗的或神學的權力所強制推行的法律；第四，專業的法律，也就是有系統精緻的法律和司法專業的行政管理，是由接受博學與形式邏輯之法律訓練的人士來擔任的。（Weber, 1954: 303）

誠如卜狄克斯（Reinhard Bendix, 1916-1991）指出，韋伯的法律社會學主要在研究西方文化中法律概念和法律實踐日漸增大的理性。因之，他考察的不只是法律思想與制度理性化的過程，同時也分析了社會群體與制度對法律進展的協助或阻礙。是故他特重某一社會的特殊身分（地位）群體，對法律發展的作用（Bendix, 1977: 391-392）。

顯然，韋伯發現只有歐洲的文化，才會發展到邏輯的形式之理性，也就是造成法律的優勢——法律的統治（legal domination）之地步。相對於歐洲的中

國、印度等古文明發達的國家，卻因為家庭倫理的發達，或來世輪迴的宗教觀念，而無法產生穩定的、去掉身分關係的法律制度。要之，歐洲法律的特色是合理的、官僚的，類同機械似的法律處理程序。這些特徵使歐洲法律去除人治的色彩，揚棄魔咒、神祕天啓等怪力亂神的騷擾，而使法律徹底世俗化、合理化、普世化。

伊斯蘭教中的神聖法（*Shariah*）雖然呈現明顯的穩定性，其法律內部也十分融通沒有重大的矛盾，但卻不能配合社會情勢的推移，而做必要的修改，其結果造成法律理想與社會政治現實的衝突。為了縮短這種衝突的差距，法律的設計或法律的制定遂傾向隨意、專斷。與此相反的是歐洲形式與理性的法律，這種法律體系固然趨向穩定，但容許彈性變化，法律決斷並不只取決於社會變遷，而是靠法律專業者之靈活執行，以及社會結構的分殊，容許法律脫離宗教與政治的干涉而獨立出來。

歐洲理性的、無瑕疵的、無漏洞的（gapless）法律體系之建立與成長是幾種制度發展與特殊情勢的推移所造成的。其中基督教新教派的救贖觀（特別是喀爾文教對個人死後能否變成上帝的選民，而進入天堂的期待），影響了人們現世的生活態度，也促進世俗化、理性化法律體系與司法管理之成長。早期基督教會強調神聖法與世俗化的並存，拒絕國家的干預，而排除了神權與政權的合一（Weber, 1954: 251）。其後羅馬教會龐雜的上下位階之組織造成官僚或科層制的產生，有助於其後法律形式主義之產生與發展。教區官僚的制定法律（法律明文化），也成為封建制度的君主與地主、貴族階級的政治鬥爭之焦點。在與其屬下的封侯鬥爭中，君主更有賴其部屬，特別是查稅、徵稅的官吏之協助，統治者追求社會穩定與國家統一的興趣，遂與集中制的官僚之晉升利益合而為一，於是助長法治觀念之擴張。

事實上，法律理念也隨著實際辦案的經驗與大學法學教育的深化而不斷提升，終而在制法時建立一套有系統、抽象化，而又具普遍應用性的法律體系。在歐陸方面，接受學院訓練的法律工作者在公私機構地位的竄升，與法律理論之受到重視有關。而法律理論的哲學發展又與歐陸承繼與發揮羅馬法攸關。羅馬法典（*Pandectae*）係西元6世紀拜占庭的羅馬皇帝查士丁尼一世（JustinianⅠ, 483-565），於528年設立委員會從事法典之整理與編修，構成查士丁尼法典之一部分。其中吸收50本法學著作，而取其精華形成「摘要」（*Digest*），並於533年正式出版，查氏並賦予法定權力。19世紀初德國歷史法學派重新研讀查士丁尼法典之邏輯結構之完整，這就成為韋伯心目中形式合

理的典範。

正如前面所言，韋伯整部社會學的著作，特別是他的政治、法律、經濟與宗教社會學，都在探求何以資本主義出現在西方而不在東方古老帝國的中國、印度或西亞的伊斯蘭世界。在這方面，講求合理的宗教思想、法律思想對資本主義的出現影響重大。因為資本主義的社會，其社會秩序的維持是一個大問題，這個問題涉及到諸個人的意志（祈禱、救贖、勤勞工作、禁慾、致富、追求利潤），是故諸個人的意志如何形成、發展及產生結果等，便成為社會學考察的對象。

Law and the State: Max Weber's Sociology of Law

Till this point, we have discussed two kinds of theories of legal change, one based on an evolutionary logic of societal development and the other on a Marxian model of class conflict. I suggested that there are crucial weaknesses in both. Evolutionary models, even in the most sophisticated versions laid out by Durkheim and, later, Talcott Parsons, oversimplify Western legal history. In treating legal change as a largely spontaneous and natural process, they ignore two potentially important factors: the impact of economic inequality and the conflict that arises from it, and the role of politics, especially the dynamics of state formation. Marxian theory is explicitly concerned with law.

法律與國家：韋伯的法律社會學摘要（英文）

諸個人的意志在市場中相互競爭、相互衝突，對資本主義的興起有關。換言之，在資本主義的市場運作下，如何擺平人人之間追求利益而滋生的衝突，有賴一套法規來規範。只有形式的理性的法律才能解決這類的衝突，而使社會秩序維持不墜。由是說明資本主義只能出現在西方這種擁有穩定的法律體系之國度，同時也是理性得以發揮的地域。

韋伯早已注意到任何進行交易的場所（市場）總會出現一些「市場倫理」，協助交易者進行誠實的、公平的買賣，而不是人人為了利潤進行殺頭式或割喉式的火拼（Weber, 1954: 194）。資本主義的市場安排是靠制度、規範和相互尊重的交易者來支撐、來推動，是故資本主義的興起在很大程度內仰賴合理的法律之施行，而合理的法律也靠資本主義的多元價值、開通而具彈

性的政經結構，而走向邏輯上更為形式化、合理化的巔峰。要之，合理化的過程（process of rationalization）之終極為資本主義制度的出現、專業人士與官僚體制的崛起，以及法律體系的完整（「無瑕疵」、「無漏洞的」法律體系之建立）。

從上面的分析可知韋伯最矚目、最關懷之處，為西方文明建構了邏輯嚴謹、秩序井然、系統圓融、能夠普遍應用到各方面，處理每一個個案的抽象法條，亦即把形式理性發揮到高峰的法律體系。這種特殊化型態與流風（fashion）所表現的對法律之特別重視，把法律提高到社會各種規範之上，而予法律以優遇，可以說是法律主義（legalism，或稱作崇法主義、法律至上主義）之表現。

法律主義不僅是在制度上、實踐上重視法律的地位凌駕於禮俗、道德、教條、個人（統治者）的偏好之上，在知識上、理論上更是由一群好學深思的法學者，在羅馬法的基礎上耕耘、闡釋的作品。而這些法律學者，配合受過嚴格訓練與教養的立法人員與執法人員，更成為法律的專業者。法律專業者為推銷自己的理念，也為提高本身的地位，一方面發展更為精密、更為專門、更為獨特的立法與尋法技巧，形成特殊的法律思想、法學學派；另一方面在社會上也形成一種特殊身分的地位群體（status group）。

在歐洲以法律專業為主的社會地位群體，使法律成為社會規範獨立自主的機制，也發揚了法律的理念。法律理念也變成了社會價值的一種，以及社會利益的一部分，因之也成為社會衝突及其解決的基礎。這就意味法律是有意識制定的、自主的技術，用於解決社會的衝突。這種想法之所以會產生，是由於法律專業從其他行業分化出來的結果。專業一旦分殊出來，便成為法律工作者團結合作的動力，法律工作者遂擁有社會特殊的聲望與地位，而為社會地位群體之一種（Trubek, *ibid.*, 139-140）。

在歐洲近世封建主義式微的年代，君主一方面照顧新興的資產階級，以對抗沒落的地主、貴族、僧侶階級；另一方面也引進與重用有知識、有專業的人士進入統治階層，這便是官僚制度的崛起。在日耳曼法律發展的初期，還出現了法律思想的分工與專精之過程，也就是尋法（law-finding）與制法（law-making）之區別。前者為法律思想的醞釀栽培、法律條文之鑽研、適法之尋覓；後者為立法、司法的開拓、發展，有計畫、有意識的立法（conscious enactment），使法律世俗化、普遍化。加上歐洲唯一獨特的自然法體系之產生，儘量把各地分歧的、特別的、偏差的地方法、特別法消除，對法律普遍化

與合理化的增進有所幫助。

　　歐洲這種生命力充盈、富有理性的立法與尋法技巧，配合了強烈的民族國家形成之政治勢力，以及工業革命帶來的經濟需要之擴大，是使現代的法律的理性能夠蓬勃發展之原因。這種發展的結果促進了官僚國家的崛起，官僚國家要求人民服從的理由，便是依法行政、理性的法規之普遍應用。由是可知理性法律與法律統治成為雙生體、連體嬰，它們成為超越其他社會控制的最佳手段。

七、法律與政治結構（統治型態）之關係

　　西方文明獨特之處為講求合理化、理性化。這種獨特的理性化表現在歐洲法律之上，但歐洲何以會產生這種特別形式的法律呢？在韋伯的政治社會學中，他強調政治結構與法律體系之間相互的密切關係。也就是說歐洲的、現代的法律體系只能出現在歐洲特別的政治情境中。它的產生與現代官僚國家的崛起息息相關。另一方面，這種官僚國家之壯大，也有賴現代型態的法律制度之支撐、協助。

　　在他的政治社會學中，韋伯建構了政治體系的類型說。政治體系也就是合法統治（主宰、宰制）、合法權威的形式，也是政權如何獲得百姓服從、支持的緣由。韋伯分辨傳統的、卡理斯瑪（賢人）與法律的統治，這是依百姓接受指揮、命令和統治，究竟是根據不變的習俗，還是根據領導人特異的資秉（「天縱英明」），又或者是基於有意識的立法行動（conscious legal enactment）而定（Weber, 1968: 215-216）。

　　由於法律決斷為統治總結構的一部分，就像統治者所有的行動一般，都必須是合法化的。法律裁判更是統治總結構之一環，則其合法性、正當性更必須與政權能夠贏取人民信服的要求完全一致。因之，在此理想類型分析下，法律要配合上述三種統治的類型。每一統治類型有其相適應、相配套的司法程序，以及法律裁決的合法性基礎。在傳統統治之下，法律裁決的特質為經驗性的，其正當化的標準便是不變的傳統。在賢人統治下，法律之所以被民眾視為具有拘束力，乃因法律的源泉為統治者的異稟、才華。因之，法律裁決乃是個案的（case by case），也是隨機因應（ad hoc）的。這兩種類型的法律，都表示法

律的合法性、正當性是靠外頭的力量（習俗、賢人的異稟）來加以證實、加以建立。一旦法律轉化為特別類型的理性法律時，它便成為本身可以正當化、合法化的原則，也成為合法統治的基礎。這是現代法律和現代國家的特徵。

MAX WEBER'S LAW TYPES

Basis of Decisions

	Rule of Law Logical/Scientific/Objective Means - End Rationality	Rule of Men Substantive -- Consider Individual Circumstances
Legal Procedure		
Rational: 　Formal -- 　　Use Established Rules	A. Western/U.S. Law	C. Case by Case -- but following a standard (but not a clear set) (EX: generally following the Koran)
Irrational: 　Based on Ethical/Mystical 　Factors (Religion)	B. Set of Rules Derived from Divine (10 Commandments)	D. Religious Leaders -- Decide Cases 1 by 1

章伯法律類型

　　韋伯在此建構了統治的型態與法律思想型態的緊密關聯。合法的統治立基於邏輯謹嚴的形式理性（formal rationality）之上，這種形式上的合理也只有在法律統治（法治）的脈絡上才可以實現。他認為法律一旦發展為現代的、合理的法律，則統治的形式也趨向現代官僚國家之路邁進。是故現代國家也就是理性法律的產品。

　　那麼理性的法律怎樣脫穎而出呢？韋伯指出有下列幾個條件：(1)提供一般應用的規範之設置；(2)人們相信法律制度是由一套抽象的規則（彼此關聯，但不生衝突、不出現矛盾，而邏輯上有圓融連貫）的體系所建構的，而法律的管理與應用（司法工作），也是把這些規則應用到特別案例之上；(3)「上司」（執政當局）本身也服從這套法律規章，而不受個人意願、情緒所左右；(4)只對法律服從，而不服從法律之外的其他社會秩序要求（上司的命令、其他社團的要求）；(5)只有在合理的、有限的範圍（司法管轄範圍）內、人群表達與堅持服從的言行（Weber, 1968: 217-218）。

　　西方法律統治的核心就是依「法」統治，而這個特殊的「法」，其特色為邏輯的、形式的理性。只有這種邏輯形式的理性之存在，才能包涵「抽象規則

圓融連貫的體系」，也才能支撐法律統治，其他的法律思想無法創造系統性的
規範，也無法保證這些規範能夠決定司法裁判、能夠影響決斷。

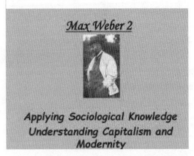

法律中的社會運動　　　利用社會學的知識瞭解資本主義和現代性

　　在考察西方之外的其他法律制度，韋伯發現這些與現代以及合理類型相異
的制度無從創制一套普遍的規則，像靠魔術或神蹟顯示（神諭）之類的非理性
形式，就不知一般規則為何物。本質非理性是依照個別事件來逐案處理，它所
考量的不是一般的原則，而是就案例中當事人的情況，求取其公道，與此相反
的是實質合理，實質合理中判案的標準雖是規則（是故稱合理），但依循的原
理卻存在於法律之外的思想體系，像根據宗教、倫理、意識形態等來辦案。這
類的法律類型經常要聽命於法律之外的外在原則、外在價值觀，而無法事先估
量裁判的結果。觀察者對這類法律的運作既無法預測，更難全面把握，其理性
或合理性之程度便相對很低。

　　由於形式的法律有利於創造法律統治，也是法治合法性證實的必要條件，
與此相關的是法治的出現，也促進形式法律的成長。是故除了歐洲之外，其餘
國度或區域無從產生類似的形式的法律制度，其原因是這些國家與地區太遵守
傳統，造成「傳統主義為形式理性的管理設下嚴重的障礙」（*ibid.*, 239）。像
古老的中國太重視歷史傳統與宗族觀念；君王或家長的命令不容置疑、不容
抗辯，成為他們統治與主宰的來源；立法成為累贅、成為多餘，甚至可能危害
君主的威信。不只不變的傳統規則成為傳統君主或賢人（聖君賢相）統治之基
礎，這類君主根據「功利的、福利的，其他絕對價值」，而實行的「仁政」，
也是收攬人心、延續政權的手段。在這種情形下，傳統統治「破壞了形式的理

性，蓋這類理性是靠技術性的法律秩序來引導的」。不只傳統的統治，就是賢人的統治也阻卻現代的、合理的法律之產生。原因是賢人統治對規則及其引用完全陌生。反之，現代理性的法治主要是靠官僚來推動，而官僚懂得掌握規則，能夠分析與應用規則（ibid., 244）。

由此可知歐洲的法律與其他地方的法律是有幾個層次方面的不同。不像其他的法律體系，歐洲的法律發展成為規則的體系，透過形式的程序，保證這些制定的法律能夠一體施行。其結果導致統治群體無法濫用其權力，隨意來進行統治，統治者之行徑及其結果完全可以預測、可以逆料。在歐洲法律施行下，管制經濟生活的規則容易形成、容易制定、容易推行，這種法律秩序可以把經濟活動不確定性排除。歐洲法律可以估量的特質是促成資本主義經濟活動的功臣。我們以表5.2來說明法律與政治結構（統治型態）之關係。

表5.2　統治類型下行政、法律和經濟管制之比較

統治型態 變項	傳統的統治	賢人的統治	法律的統治
百姓服從是由於	在傳統的實踐下遵守過去的慣例。	賢人的異稟才華感動群眾。	透過制法的過程，從合理的標準下完成法條的制定、頒布。
法律正當性與合法性之來源	不變的傳統，過去業已存在大家遵行的慣例。	來自於賢人天賦異稟、天縱英明、法律由領導者宣布，當成為天啟、神諭的表現。	來自於合理的制法過程，由專司立法的機構透過邏輯技術與法律思想原則制定之規條。
司法程序與裁決的正當化、確認化	經驗的／傳統的、按個案來裁決，可能考量先例。	個案為主，啟示性（天啟、神諭）、每一案件之裁決視為神意（天意）之表現。	一般的／理性的、每個案例依形式法規來裁決，重視裁決過程之合理性，法規一體通用。
行政之結構	父權的（長子繼承），以傳統的血緣與地緣作為徵聘下屬的標準，主人分配工作任務。	沒有行政上層級分科授權之結構、賢人領袖隨意挑選部屬、部屬職務沒有分殊、沒有專職。	官僚行政體系、接受訓練教育的專才通過甄選拔擢，而在行政垂直結構中擔任一定職務，職權分殊。
統治者裁量權	高	高	低
法規對經濟生活管制的預估性	低	低	高

資料來源：Trubek, 1991: 137；經作者加以修改補充。

八、法律的自主與經濟的自由

　　韋伯的法律社會學不但與他的政治社會學息息相關，更與他的經濟社會學
有緊密的關聯。換言之，法律主義（崇法主義、法律至上主義）如何有助於市
場活力的展現？如何促成資本主義的發展？法律對資本主義發展可歸因於兩個
方面：其一為法律預測性、計算性（calculability）的強調；其二為法律有能力
發展實質上的規定（法規），使市場體制能夠運作，特別是有關訂立契約的自
由之規定，使貨物的生產、交易與流通，在穩定中向前發展、向外擴張。

　　在這兩種法律的特徵中，韋伯認為前者比後者更為重要，原因是資本主義
體制需要高度可以計算的、評估的法律規範。在他列舉的四種法律類型中，只
有符合邏輯形式的合理性才能提供必要的預測性、估計性、計量性。法律主義
支撐資本主義發展的所在，為提供一個穩定的，以及可以預測評估的氛圍。反
之，資本主義鼓舞法律主義，原因是由於資產階級意識到他們對政府結構──
理性的官僚體系──之需求，俾完成由此需求而引發的法治要求。

　　為何資本家對穩定或確定的環境那麼在意、那麼關心呢？韋伯說：「假使
資本主義對其控制的資源欠缺國家法律強制的保障，也就是資本家的『法律』
權利無法〔藉政府公權力〕以武力威脅作為後盾，而獲得維持的話，那麼它
〔資本主義〕就難以為繼了」（Weber, 1968: 65）。他進一步地說：「一般而
言，法律的合理化與體系化，特別是法律程序運作的日漸透明化〔可見化、預
測化、計量化〕，構成了資本家企業存在最重要的條件之一。沒有法律的可靠
性，企業無法經營」（*ibid*., 883）。

　　韋伯當然知道早期競爭的資本主義之出發點，乃是人人為著自利與別人展
開殺頭式或割喉式的競爭。利潤的追求是無窮盡的、無了時的，但經濟人（洪
鎌德，1999b：249-256），或稱是經濟的行動者卻也知道只靠盲目的競爭，不
能保證財源滾滾而來。合作在某種程度內還是有必要，特別是在市場的貨物競
技場上，人人是相互依賴的。不管是生產的部門，還是流通的部門，任何經濟
活動者都要靠其他人的配合，經濟活動才能繼續展開，利潤也才會不斷滾入。
是故減少不確定的因素，增加人際的相互信賴，是做生意、經營企業最起碼的
條件。是故個人的自利與社會的穩定之間怎麼求取一個平衡點，變成了社會學
者探究的主題。於是韋伯建構了社會行動的類型觀，他承認社會行動無從預測

的特性，可藉各種不同的規範或機制來加以控制、加以「保證」。而各種類型
的規範或機制，也就是社會控制的各種方式，這些控制方式會影響到經濟的活
動，例如行動者可把規範內化，而自動與「志願」地完成社會的期許。

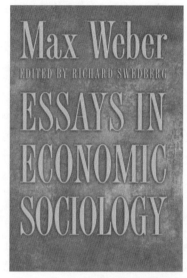 

韋伯著《經濟社會學論文集》（英譯與德文原著）

　　但行動者也有可能匍匐、順從「外部的懲處」，假使他違規、悖法的話，
這些外部的壓力也可能來自於不具形式的制裁體系（宗教的禁止、道德的規
勸、輿論的抨擊、習俗的不容等）。所有這些社會控制的方式都在保障穩定的
權力與經濟的資源。在所有這些控制形式之外，最有力量、最具形式的莫過於
法律。

　　韋伯相信法律組織性的鎮制力量（organized coercion）是現代資本主義的
經濟活動所必要的條件。在以往原始與傳統社會中，把教諭、禮儀、道德訓示
內化於人心，以及採用公序良俗，便可以把社會衝突加以解決，但在今天交
易經濟的複雜社會中，不靠國家或政府的公權力與鎮制手段，經濟秩序無法維
持。

　　為何市場經濟中需要鎮制？為何鎮制要披上法律的外衣？這是由於法律鎮
制指涉的是國家的權力。國家的權力有時赤裸裸地運用（對違法者課以財產、
生命、自由的剝奪），有時只是展示這種權力，而為暴力的威脅。鎮制之所以

必要，在於制止因私利而引發的衝突。由於慣習、風俗、道德勸諭無法有效制止衝突，是故代表國家權力的法律，成爲唯一解決問題的工具，此其一。

此外，經濟活動的步伐與市場經濟對預測與計量的依賴，使得必要的鎮制必須採用法律的形式。蓋法律規定犯法違規者一旦不遵守商業契約之規定，會獲得怎樣的處分。是故其行動之可預測性與不履行契約所遭逢的鎮制手段之確定性掛勾，此其二。

有了這些理由便可以知道可預測、可算計的法律體系提供給經濟活動以黏合劑，把鎮制與可預測性結合起來。這裡法律至上主義與資本主義的活力合併在一起，靠法規來治理的政府比起其他的政制，其本質上更是可靠的、更可以預測的。風俗習慣太散漫，對於受到市場驅使的群體與結構而言，要限制私利的違法擴張，沒有制止的效力。可是家庭、教會、行會式微之後，人的自私自利卻成爲崩堤的洪水，衝擊與氾濫全社會，此時剛好民族國家崛起，它擁有合法的暴力。而這種暴力也需要靠法律來規範，以免被統治者所濫用。是故在政府與國家方面，權力之被節制、權力之防止濫用，也要靠國家根本大法的憲法。是故法律至上主義又再度提供政府結合鎮制與可預測性之間的黏合劑。

這裡我們還看出法律已超越國家的暴力，又超越市場上私利的橫行。於是法律取得了國家與市場之外高高在上的地位，法律得到自主。一個講究法律的社會中，自主的法律體系是一種組織的複合體，它只有遵循邏輯與認知的程序、依照法律的普遍規則，行使鎮制的職務。只有在符合邏輯、講究形式、機械性的操作之下，鎮制的結果才是可預測的、可證實的。這也是韋伯指出「法律的形式主義使得法律的操作如同理性機器的操作一般，因爲它保證在此法律體系下的個人與群體擁有一個相當高的自由空間，很大地增長他們對其行動法律效果預測之可能性」（*ibid.*, 63-69）。

無論是神權，還是父權的統治者，都不會頒布實質的規範，讓經濟活動得以自立自主。只有後來的法治國家才會讓人民彼此訂立契約，並保證契約的自由。是故法律體系一方面要擺開其他規範（宗教、道德、習俗）的糾纏而獨立自主；他方面也從政治勢力或純權力解脫出來而獨立自主。要之，法律的自主在於不受政治與其他社會勢力的束縛與干擾，這兩點對資本主義的生成發展影響重大。換言之，在法律至上主義之下，自主的法律使得人們的社會生活從親屬、宗教及其他傳統權威之中解脫出來，同時也使人們的社會生活從政府或國家的恣意干涉下解放出來。這樣做必然要求國家接受法治，兩者的結合，使其力量增大，超過其他社會控制的力量。但在國家勢力增大之際，法律的自主卻

又限制了國家的權限，使國家不致侵犯人民經濟活動的範圍。國家只提供形式的秩序，或提供方便的架構，俾方便經濟活動者自由地活動。19世紀自由國家便包含了自主的法律秩序與自由的經濟活動之理念。

總之，當韋伯討論一個有效的法律體系之運作與結果時，他注意到法律規範與經濟規範的功能性關係。對個人而言，法律的主要影響效力在於產生「某些可以估計的機會，也就是對現存經濟財貨的占有或取得之機會，或是未來在某些條件下，擁有這些財貨之機會的估計」（*ibid.*, 315）。法律規範（其存在不只靠國家機器的壓制或鎮壓威脅之保證，也靠社會組織如家庭、教會、產業機構等運作而證實）之變為可靠、變為可以估量，是這些規範影響經濟最重大的部分，特別是法律規範影響了經濟未來的計畫與發展。

當韋伯指出法律為指導人群活動的確實之決定理由時，他強調了法律規範與風俗、習慣是同一個連續體（the same continuum）之一環，都是對人群社會生活的規範。在採取社會經濟的研究途徑下，韋伯解釋了法律與經濟之關係，其中比較重要的六處引言，闡述法律與經濟相互依賴及各自獨立之關聯，我們把它迻譯下來：

(1) （以社會學的意思來解釋）法律並非單靠經濟利益，而是依賴各種不同的利益……，來保障政治的、教會的、家庭及其他權威，也保證各種社會特出的地位，這些權威與地位或受到經濟的制約，或與經濟有關聯，但本身卻非經濟性質者。

(2) 在某些條件下，一個「法律秩序」可以保持不變，當經濟關係經歷急遽的變遷之際……只要這種情況發生……這種法律秩序仍舊要被迫使用其鎮壓的機器……。

(3) 根據法律體系的觀點來考量，一樁事體的法律地位基本上可能各有不同。但這種（法律分類）的不同並不會產生有關的經濟結果之不同……。

(4) 明顯地，法律的保證在不同程度之下直接為經濟利益提供服務。就算在某些場合表面上並非如此……經濟利益成為影響到立法最重大的因素之一……。

(5) ……與過去的情形相比，法律對經濟行為的影響力愈來愈弱，而非愈來愈強。……對經濟活動的可能性影響之衡量，不能單純視為對法律鎮壓服從的程度之大小。

(6) 就純理論的觀點來說，靠國家〔的力量〕來使任何基本的經濟現象獲

得法律的保證〔障〕，是必不可少的〔也無別的方式可以取代〕……
但一個經濟體系（特別是現代類型的經濟體系）不靠法律秩序是無法
存在的。法律秩序除了在公共的法律秩序之架構之外，其特徵幾乎無
從發展……現代的商業交通需要明確、可以預測的法律體系之運作，
也就是需要一個靠鎮壓權力支撐的法律體系之運作……市場群落的普
遍優勢需要仰賴一方面法律體系之運作，也就是仰賴理性法條可計
量、可算計的運作。另一方面市場不斷的擴大便利了一個普遍〔全
面〕壓制機構對「合法的」鎮壓權力之壟斷與管制……（Weber, 1968:
333-337）。

韋伯著《經濟在政治和法律當中》

九、法律與資本主義的關聯

　　韋伯認為西方文明有異於東方文化最大的特徵為講求「理性」
（rationality）與追求「理性化」（rationalization）。所謂理性化或合理化是講
究運用何種的手段，以達到既定的目標之方法，也是使用科學的、可以估量的
技術來辦事，以及知識上與文化上人定勝天的信念。韋伯對西方理性化出現之
因由很少討論，只是指出西方歷史的發展中理性化的過程自然湧現，而神祕地
成為西方世界一股主導的力量。這種理性化過程之不易找出原因，並沒有阻卻

韋伯尋找一些與理性化合流的因素，包括資本主義的興起和官僚體系的建立。
在他視理性化的繼續存在與發展，是無法阻止的過程時，他又認為理性化就成
為西方人乃至世人未來的宿命。韋伯遂悲觀地指出要找出取代官僚的宰制與資
本主義的橫行（兩種理性化具體而微的表現）之其他辦法、其他制度，幾乎
是奢望且不可能的事（洪鎌德，1999c：19、105-106、111-112、117-118、166-
172）。

　　就在他這種從事學問的態度與追求知識的心態下，我們來檢討他的法律社
會學，就顯得意義重大。原來韋伯的法律社會學與他的政治（國家）社會學息
息相關。他的政治社會學立基於合法權威三種類型之上，亦即前述賢人（卡理
斯瑪）的、傳統的，和法治兼合理的三種合法性權威。法治兼合理的合法性權
威等同官僚的統治，在現代與未來科技發達的社會中，仰賴合理法治之觀念、
官僚宰制之現實，成為世人要面對的命運，更何況官僚體制與資本主義這兩
者之間，必然相輔相成、彼此增強（Walton (1976), 1991: 287-288；洪鎌德，
1999c：52-55、116-118、197-198、204-206、214-217、253-255、261-262、
268-270）。

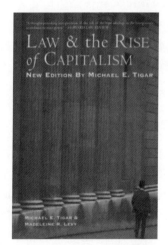 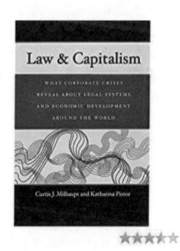

《法律與資本主義的崛起》

　　不過韋伯面對的問題，也是他研究內容的重心是：資本主義需要何種
的法律形式主義來使其對權威的特殊要求合法化，也就是合法化其對權威的
要求。首先他比較資本主義與封建主義的不同，強調資本主義愈來愈使用
「制定（立法）的規範」（enacted norms）來取代過去封建時代的慣習典例

（convention）。因之，韋伯認為制定的規範便利了合理化過程對社群活動全面的滲透，也造成了資本主義發展的靈活與創新（Weber, 1969: 35）。韋伯雖然視法律、法治與資本主義的關係為本質上的關係，但並非因果性的關係。他雖然熟悉資本主義的社會是階級的社會，也充滿了階級鬥爭，但他卻把資本主義體制下的法律發展化約為合理化的個（案）例來看待。他使用合法權威三個分類（賢人、傳統、法律合理）的方法來解釋從封建主義邁向資本主義的轉型，並非社會或物質的理由。這點與馬克思生產方式變遷造成社會型態改變之說法完全不同。換言之，韋伯雖然承認個人利益與擁有財產者的共同利益是社會秩序或控制社會變遷的要素，但他堅持這些因素的影響力日漸式微，除了由於這類利益愈來愈分歧之外，也是由於對傳統的看法與信念愈來愈淡薄的緣故（Weber, *ibid.*, 39-40）。

因之，韋伯放棄尋求階級和階級對立、階級鬥爭的原因，而採用單純觀察的方式指明傳統的解體。韋伯避開了馬克思對階級及其利益之分析，而退居於觀察社會各種不同勢力在相互競爭之後，導致傳統之解體，社會又朝新的均衡狀態前進。

馬克思分析了資本主義的一個特徵，即異化。異化產生自資本主義的生產方式，也就是說在資本主義制度下，資本家的財產與財產權從對物品（物質體），或對農奴生產品的支配，轉變到對別人勞動力的控制。在封建主義下，地主擁有對農奴生產品部分占取的權力；可是在資本主義下，資本家不但購買了勞動者的勞動（labor），還購買了後者的勞動力（labor power），這也就是說，勞動力如何使用、在何處使用、在何時使用，完全聽命於資本家的擺布。在封建社會中當農奴的人，如今在資本主義體制變成自由的支薪工人。但工人只有出賣其勞力的自由，僱傭契約的內容仍舊由資本家規定、操控。本來勞動者握有生產工具的權利，如今卻在法律保障資本家的權益下，讓勞工與其生產工具分手，最終導致勞工受資本家之剝削（洪鎌德、梁文傑，1995：199-235；洪鎌德，2000c：32、77-83、216-220、241 *ff*）。

韋伯分辨資本主義的法律秩序與封建主義的習俗慣例之不同。前者擁有專門的職司與人員來落實法律的治理；後者則無此類的機構以保證慣例之被遵守。西方的特色在於法律優勢地位的保持與發展，也就是國家或政府主宰了法律。可惜韋伯卻未曾對法律秩序轉變為法律宰制（優勢）有詳細的討論，其原因為韋伯未完成其政治社會學便逝世（Bendix, 1960: 386）。但真正原因可能是法律優勢（宰制）涉及資本主義發展的重心，韋伯一旦討論它，就必須在實

質上比較英國與歐陸資本主義發展之不同，兩者雖然都發展了法律體系與健全的資本主義，但發展的快慢不同、法律思想的演變重點也有異。也就是說「英國的問題」（English Problem）構成韋伯學說的困惑與瑕疵，是故他寧可少談論法律秩序轉變爲法律優勢的問題（Walton, *ibid.*, 291）。

十、大陸法與英國法之區別：
韋伯法律社會學之困惑

　　韋伯法律社會學的一個棘手的論題，爲比較歐陸（特別是受羅馬法影響至深的日耳曼法與法國拿破崙法典衍生的民法）與英國法律體系（普通法、海洋法）之異同，以及它們對資本主義興起的衝擊。在他建構的歐陸法律之特質上，強調符合邏輯講究形式的合理性（logically formal rationality），這是專業尋法與制法人士演展出一套可以普遍（一體）應用的規則法條之體系。但如果以這種合理性來衡量英國以法官爲中心，參酌陪審團有罪與否的決斷，援用先例前判而作的裁定，則似乎又扞格難容。也就是說英國法律並非韋伯心目中那種注重法條闡釋、引用、下達裁判的形式合理性之要求。如果韋伯還強調法治是促進市場經濟進展之動力的話，那麼英國產生資本主義應當比歐陸還遲，亦即英國法律促成資本主義發達便無法實現。這裡我們看出作爲經濟歷史家之韋伯與作爲法律社會學家的韋伯兩者之衝突，是故「英國的問題」是韋伯學說的致命傷，也是他的法律社會學最遭物議之處。

　　前面我們提及韋伯所以強調符合邏輯、講究形式的合理性，以及法律制度的獨立自主和法條之完備，可以一體應用都是保障法律運作趨向穩定的原因。法律運作的穩定、可靠性、可預測性，便利市場上的交易、便利貨物的生產與流通。由是可知法律的可資預測與估量之性質（legal calculability）是資本主義興起的推手。

　　但把這個理論應用到英國的歷史分析之上，卻發現有重大的問題：其一，英國缺乏韋伯所強調的可資估量、形式的理性之法律體系；其二，資本主義在英國崛起與壯大之後，對英國法律的理性化似無重大的影響。對此，韋伯坦承英國法律的理性相對歐陸法律的理性來講，顯得相當低（Weber, 1968: 890），

但弔詭的是英國卻是近世西方資本主義的發源地。那麼韋伯對這個困惑他理論的「英國的問題」，採取怎樣的解說呢？他提出下面幾個假設：(1)英國法律體系呈現低度的可預測、可估量的特性，不過它卻以犧牲下層階級的利益協助資本家拓展其企業；(2)英國達致資本主義的方式是非常獨特，也就是不靠其法律體系的協助，反而是其法律體系之渙散，便利了資本主義的誕生，這種情形在世上別處都不曾發生，也不曾出現；(3)英國的法律體系儘管離邏輯形式的合理性之理想類型非常遙遠，但仍提供相當程度的估量性來促進資本主義。也就是說英國的法官袒護資本家，以先例前判為裁決之標準（Weber, 1968: 814, 1395）。

　　從韋伯上述三種假設的提出，顯示他對英國法律演展的歷史缺乏清楚的、一致的看法。這些假設透露他對法律估量性的過分關懷，但這種法律的透明化、形式化、可預測性、可估量性偏偏不出現在英國。因之，在主張法律的可估量性之際，他最後已發展為「合理的」法律體制，是故韋伯分辨英國法與大陸法是沒有必要的，甚至這兩者的區分是錯誤的（Trubek, *ibid.*, 145）。

　　在「英國的問題」上，韋伯的理論是否觸礁而行不通，衣雲（Sally Ewing）女士就採取不同的看法。資本主義首先在英國出現沒錯，而當時英國並不擁有形式的合理性法律體制，這表面上顯示韋伯法律社會學說的漏洞。不過仔細重讀韋伯的作品，我們必須承認他把形式的正義和保證過的權利視為相同之物，而不是斤斤計較邏輯上形式的法律思想，也就是他不會認為便利計算、預測的法律體系，才是資本主義興起最大的動力。英國的普通法就法律觀

韋伯著：《社會星象與歷史觀點》　　　　論文集：《法律視同文化》

點而言，是涵攝了實質上的非理性。不過如以法律社會學的觀點來理解，都是根據形式正義的原則去運作的體制，是故能適應資本主義的需要。韋伯並沒有聲稱普通法比歐陸的民法更適合資本主義。他指出不管是普通法還是大陸法對經濟體系造成的後果「都是孤立的、單獨的現象，而不是對經濟體系的總結構在碰觸〔衝擊〕時有何不同〔之表現〕」（Weber, 1978: 891）。韋伯顯然地不認爲「非符合理性」的普通法對資本主義是一種負面的負擔，甚至對他所營建的法律社會學是一種威脅，如同近期學者對「英國的問題」之討論所表現的憂慮一般（Ewing, 1987: 500-501）。

　　要之，對衣雲女士而言，引起學者對「英國的問題」的關注，是未把韋伯純粹法律意涵之下的法律思想，以及他視法律爲社會現象這兩者的分別弄清楚所引起的。她認爲韋伯心目中有兩項職責等待去完成，第一，韋伯主張法律思想中日漸增強的合理性過程，應該追蹤記錄，這就是邏輯上合理性的法律之概念盤據了他，使他著迷。爲此他把法律發展分成不同的階段來處理，而他所得的結論是邏輯上合理的法律，終必是法律發展的最高階段（Weber, 1978, II: 882）。不過他也指出一個特別的因素〔「爲強而有力的利益〔團體〕所挾持、所保護的全國性法律訓練體系」（Weber, *ibid.*, 883）〕阻止了英國人向形式理性的法律之途邁進。因之，只要是對法律有關懷的專精人士，在不受利益團體影響之下，最終必然會傾向於建立邏輯儼然的合乎理性的法律體制。對於英國法律專才不走這條理性的道路，並沒有使韋伯大驚失色，故不是什麼了不起的大問題。他的第二項職責在於分析可以計算、可以預測的法律（形式的法律）與資本主義興起之關係。關於這一職責，與法律思想中「內在於法律」的各種特別的性質無涉。這兩者是不同的問題，不能混爲一談，是故衣雲強調對韋伯而言，無「英國的問題」之困擾可言（Ewing, 1987: 496-497；謝宏仁，2019：212-215）。

十一、對韋伯法律社會學之批評

　　「英國的問題」，甚至「蘇格蘭的問題」（謝宏仁，2019：215-218）不但顯示韋伯的學說與歷史有些出入，進一步也顯現出他對法律的分類與定義仍不夠詳盡與妥善。首先，談到他的法律分類第三種與第四種，亦即實質的理性與形式的理性這兩種類型的法律。前者是認爲法律受到倫理的要求（實施公平

正義的理想）、經濟的利益（便利資本家獲取利潤）或功利的考量（增加多數人的最大利益）等之影響，而非從法律體系本身的標準作爲制法、尋法與執法的根據。反之，後者把法律當成邏輯圓融、抽象的、形式的原則與法條之體系，是由法律專才所制定、執行與詮釋，而由國家或司法機構背書，必要時採取合法的暴力來貫徹法律命令之施行。

顯然，韋伯理想的法律體系就是第四種形式合理的法律制度。但以英國爲例，由於工商業擴展的影響，實質合理的法律（第三種法制），像商業法，卻由一群工商業的生意人（資產階級）在大力推動，而非接受過法律專業訓練與學院教育者之專利，由是導致韋伯形式合理法制與實質合理法制兩者之緊張與對峙。換言之，在討論英國的法律政策是雙重的，對資產階級而言，法律成爲保護其私產與權益的工具；對勞工階級而言，法律並沒有伸張其正義（Weber, 1954: 230）。英國法律的形式合理性比起歐陸來遂被韋伯視爲較低，但這種較低的形式合理性的法律，反而促成英國資本主義的產生與發達，這就是令人深感困惑與弔詭之處。

其次，從韋伯實質合理與形式合理兩套法制之緊張關係，我們還可以推論其淵源在於他爲法律所下的定義，強調法律專才對法條的價值深信不疑，而採取教條式的、含有價值判斷在內的法律定義。與此相反的則是社會學家，以經驗爲取向、著重事實考察與袪除價值所做的法律研究，從而爲法律所界定的意義（法律爲一套類似技術機械性機制，爲強制性的國家命令，其運作完全依賴法律專業人士或法律專才所形成的社會身分群體）。韋伯終其一生沒有放棄這種法學觀與社會學觀截然有別的法律區分，這主要是他在認識論與方法論中堅持價值與事實不容混淆所產生的個人信條（the article of faith），有以致之。

韋伯在其自創的方法論影響下，對法律有所界定，使他的法律學說不但接近前面所提社會學決定論，也可以說是社會學實證論。他的社會學實證論把法律專業者所津津樂道的價值完全排除於法律概念之外。換言之，他極力避談法律中的正義、公道等原則，也不討論法規所要體現的價值，這就與他在國家社會學中不談國家所追求的目標相同。這種只討論法律形式，也就是只討論法律條文的體系是否在邏輯上圓融連貫，而不涉及法條所要表述的價值，可謂一種形式主義（formalism）。作爲形式主義者的韋伯，遂視實質理性所牽涉的種種價值，例如公共福祉、福利、經濟利益、公道、正義等，是不足取，且會與他崇尚的形式理性相衝突。他甚至指摘群眾對法律的看法與公道的感受是情緒性的，係非理性裁判的根源（Weber, 1954: 75）。這些說詞表示他所看重的是

法律的形式，而非法律所要表述的實質與目的。

在討論法律與經濟的關係時，韋伯把形式與實質的分開，使他對經濟涉及的問題，諸如經濟利益、經濟福利、利潤大小，當成是異質的、實質的、非法律的事物來看待。就因為太強調法律形式的性質，使他在進行法律與經濟之間的關係分析之前，便設定兩者各自獨立，都是獨立變項，然後再討論這兩個變項之互動。在考察經濟對法律的影響時，韋伯斷言經濟利益對法律理性化之方向，無決定性的作用。造成法律理性化的動力仍是一群法律專家，在接受專業訓練後，基於「法律理論家及其徒弟、博士群，也就是法律學者中典型的貴族之知識上的需要，發揮出來的結果」（*ibid.*, 278）。這些理論都在「英國的問題」上觸礁，使他不得不另尋台階來自圓其說。換句話說，他被逼著放棄奢談英國法律的形式問題，而改口略談英國法律背後的實質問題：英國法律的階級基礎，以及法律對下層階級的不公。

韋伯說：在英國只有富人才有能力付出訴訟費進行訴訟，窮人則必須忍受差別待遇，是故富人有一套法律，而窮人也另擁有一套法律。這種說詞，顯示韋伯一反常人把法律與公道連在一起的說法，他不認為法律是伸張公道、正義的機制。反之，視法律在很大的程度內展現社會的不公平。事實上，在法律當中呈現的是「永續的不公平」（permanent injustice）（Walton, *ibid.*, 287）韋伯說：

> 沒有財產的階級特別無法接受像資產階級所獲得的形式「法律平等」，以及「計量的」〔可以預測、可以計算、比較確定的〕司法與行政處理。（Weber, 1967: 355）

韋伯對英國階級社會所滋生的雙重法律，亦即階級對立與階級利益對法律的衝擊與意涵不欲進一步深論，只指出這是傳統的解體，這點與馬克思指出異化深植於生產方式之上大為不同。馬氏認為在資本主義的生產方式之上，財產與財產權從對物（物質客體）的處理，轉變為對他人勞動力（別人）的控制，原因是資本家購買的不是勞動，而是勞動力。資本家透過契約，而支配了他人的勞動力。這種說法對封建社會習俗的解體，轉變成資本主義社會法律秩序的建立，有比較圓融的解釋。反之，韋伯強調合理化的概念，造成他的理論既無法指出導致合理化的主要勢力，也無法分辨封建主義如何轉型為資本主義。再說韋伯只分辨法律秩序與法律統治（宰制），而沒有詳細討論法律秩序如何演

變成以國家或政府爲執法者的法律統治，這都是韋伯學說的缺陷[4]。

焦點：韋伯（百年忌辰討論集）

十二、結論

韋伯的法律社會學是建構在：(1)一套彼此分開，但卻又相互關聯的理想類型之上；也是建構在(2)法律思想之特質上，以及法律與社會其他的（宗教、倫理、政治、經濟）結構之關係上。換言之，他的法律社會學就是以：(1)理想類型；與(2)思想與社會結構之關係所形成的分類法（typology），這兩部分爲主體演展而成。在強調理想類型與法律體系分類法這兩種情形下，韋伯法律社會學的中心關懷卻是圍繞在兩個主軸上打轉，其一爲法律與資本主義的崛起之關係；其二爲以豐富生動的歷史實例，來證實方法論上高度抽象類型說。他認爲只有以邏輯形式的合理性爲主建立的法律體制，才能促進資本主義的成長。爲了證實這種理論，他在歷史與經驗世界中進行東西文明的法律制度

---

[4] 韋伯之所以沒有詳細討論法律秩序轉變爲法律統治的原因，依據卞狄克斯的看法是由於韋伯未完成政治社會學便病逝之緣故（Bendix, 1960: 386），Walton卻指出是由於法律統治被看成是資本主義本身的一部分。歐陸與英國都是資本主義國度，儘管兩地資本主義發達、法律制度健全，但西方法律思想發展有異。韋伯深怕「英國的問題」會砸掉他的法律合理性形式主義之說詞，故不欲加以深論（Walton, *op.cit.*, 291）。

之考察與比較，其結果就是造成他的法律社會學與宗教社會學的並列與互通（Beirne, *ibid.*, 54）。其實豈只法律社會學與宗教社會學有水乳交融的關聯，就連他的政治社會（特別是有關官僚與法治的闡釋）與經濟社會學（市場機制的合理性源頭的探索），也是建構法律社會學理論大廈的基石與支柱。

　　韋伯的法律社會學是他比較東西文明歧異的一環，也就是說他的學說在探索何以合理性與資本主義會出現在歐洲，而不出現在古老文化的埃及、中國、印度等國度。除了說明西方近代法律怎樣脫離迷信、魔咒、人治、神祕的與個人專斷的羈絆，而通過官僚、專家、學者（一言以蔽之，法律專才）發展出邏輯嚴密、概括性、包攝性極高的形式法條體系之外，他闡述這種內含於法律體系本身的合理性，是造成大陸法與英國法走上穩定、可靠、可預測、可估量之途的原因。法律這種可計量性，便利了資產階級經濟活動的推展。資本家利潤的獲得與財富的累積，勢須藉契約及其他法律形式的規範來縮小市場的風險、控制市場的無政府狀態。是故一套無瑕疵、無漏洞的法律體系是工業資本主義崛起必要的條件。

　　韋伯接著指出法律雖然迎合資本家的利益而發展，但法律專才所形成的社會身分團體，對法律演展也扮演著產婆與推手的角色。這些法律專才為顧及本身的利益，其尋法與制法的結果，並不完全與資本家的利益一致。是故行會出身的，與大專法律科系出身的法律工作者所制定出來的法律或引用法條，無論就內容或就形式而言是有重大的差異。在法律專才的大力推動下，現代形式理性的法律更趨精密，他們以其專精成為技術官僚的一部分，助長近世西方官僚國家的興起。正是因為現代官僚國家的崛起，使得法律與國家的統治關係更為緊密。韋伯把國家當成一定領域上合法使用暴力的組織，國家為了獲取人民的順服與遵從，遂有各種不同的統治方式。國家的權威儘管有傳統的、賢人的與法律合理的三種純粹類型，但就近代國家的統治之穩定與有效而言，必然顯示法律合理的統治成為大勢之所趨。既然形式理性的法律有助於資本主義之發展，同樣這類的法律制度，也會促成統一的、集權的官僚國家之茁壯。

　　儘管韋伯嘗試以宗教、法律、經濟、科學、政治等各種面向與途徑，也就是多元的方法觀，來探討現代西方工業資本主義及其背後的支撐力量——合理性過程之激化——但他仍舊無法擺脫19世紀末葉與20世紀初西方主要的學說之羈絆，他可以說是其時代流行的理論之「囚犯」。他沒有批判地接受那個時代經濟學與法律學典範，這就導致他在法律社會學說的侷限。比起他的政治社會學說、宗教社會學說和社會科學方法論而言，韋伯的法律社會學與經濟社

會學對同代與後代的學術影響就顯得很低。本身承認與自傲爲中產階級成員的韋伯，把法律與經濟看做資產階級維繫與發達的工具，也把當時這兩方面的學問視爲永恆的原理原則，而忘記身處世紀之交，正是歐洲乃至全球面臨社會與科技劇變之際，這些被他看做無時間限制的原理原則，終究不敵現實情勢的考驗，或被摒棄、或遭修正、或改頭換面，而必須另覓出路（Albrow (1975), 1991: 326-327）。

因之，韋伯的法律社會學在闡述資本主義的崛起茁長與壯大方面，固然有其發人深思的宏論，但其學說受制於時代的思潮，因而也呈現了理論的侷限與瑕疵。

Criticism

There was a controversy about the impact of religious beliefs on the economic actions of mankind

Many sociologist believes he lacks a critical theory and his theories can not be used to point out opportunities for constructive change

For Bureaucracy and formal rationality, two types of rationalization, were developed because of their efficiency, calculability and control of achieving goal but as rationalization develops, the original goal is often forgotten and tasks are often accomplished for pure pleasure

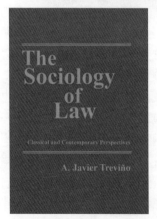

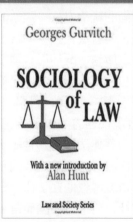

對韋伯學説的批判與其法律社會學的引申（英文）　　法律可視爲文化之一部分嗎？韋伯法律社會學之獻議

第六章

韋伯論合理、合理性和理性化

第六章　韋伯論合理、合理性和理性化

一、人文社會科學的特性

受到德國新康德學派狄爾泰（Wilhelm Dilthey, 1833-1911）學說的影響，韋伯不但知道自然科學和精神（人文）科學的分辨，在於後者受到人為參與（改造）的作用，而擁有價值和意義，還由於李克爾特（Heinrich Rickert, 1863-1936）強調人文、精神、道德、歷史和社會科學都隸屬文化科學，而指出文化科學專門研究人的文化現象，因而有別於自然科學研究沒有精神、沒有主體的自然現象。在方法學上，自然界的認識意味普遍因素中形成普遍的概念，俾發現自然演變的軌跡，追溯因果關係、形塑成規律。反之，文化科學要採用歷史方法，對個體及一度出現、獨一無二的現象加以理解、加以瞭悟。是故狄爾泰說：「自然有待解釋（erklären）；人文則須加以瞭悟（verstehen）」。

Wilhelm Dilthey

Heinrich Rickert

韋伯在方法論上主張「價值中立」、「價值袪除」，也就是要撇開個人的喜惡，對研究對象持客觀無偏頗的認識態度。這是科學家應持的態度，但人文學者、史學家、社會學家面對文化生活時，卻因為對社會活動的人群的行動，不但要設身處地替行動者推測其行動的意義，更要瞭解或領悟此一現象所牽涉的文化價值，包括觀察者的世界觀、人生觀所形成的立場。是故他在討論合理性時，不僅討論純粹的合理，也論述「價值兼合理」（wert-rational）的議題。這裡似有把「規範」與「事實」混淆之嫌。這是對他主張「價值中立」的

誤解。

　　社會學家向來對韋伯主張的「價值中立」誤會為學者摒棄任何的價值作為其治學的基礎，亦即在科學探索中無視價值之存在。這是一種誤解。韋伯要求治學中價值中立，應當詮釋為「免於價值的判斷」（free from value judgment），而且應該扣緊在「價值關聯」的大前提下來討論。在韋伯方法論首篇中，他指出任何科學的探索，預設一種「認知的旨趣」（Erkenntnisinterese），而人文社會科學預設一種「歷史的旨趣」。人文社會科學的瞭悟和詮釋之所以可能，且具有意義，是因為研究者懷有這種歷史旨趣之緣故。人文社會現象出現在歷史經驗中，必須以價值論（axiological）的問題來處理。由此可知韋伯方法論中價值關聯和免於價值判斷是兩碼事，前者是理論的旨趣問題，後者是作為前者的條件下科學知識有限客觀性的問題（高承恕，1988：133-135）。

二、西方文化中理性化的演展

　　在瞭解韋伯對人文社會科學的看法之後，我們進一步明白他對西方文化由早期至現代演變的觀點，特別是強調西方文化的合理性和其發展過程為理性化之旨意。對他而言，理性化本身是一個廣泛而多面向的過程，主要涉及目的與

手段之間合理而又融通的選擇。目的之選擇基本上藉由終極的價值來界定；相對應的是在這終極價值所界定的目標下，經由深思算計，選擇適當的手段，來達成目標之追求。於是理性化、合理化便是趨向理性的計算過程，這是自由選擇、有效實踐、達成目標之過程。

韋伯認為西方早期猶太教的傳統，經中古至近現代理性化因宗教的改革導致基督教分裂為舊教與新教，這顯示合理性的演變有了具體的表現。連新教的倫理和資本主義的精神也有相通之處，亦即兩者呈現合理的變化過程。此外，在科技、政經、文化等典章制度中，尤其是日常生活裡、職場的組織安排中，理性化的趨勢像潮流般地洶湧沛然莫之能禦。可以說，理性化不僅出現在西方宗教思想和制度中，更促成資本主義的興盛、民族國家的崛起、官僚科層制的流行，以及企業管理經營的科技化與有效性。

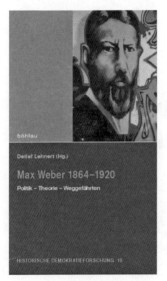 

韋伯談政治、民主和所處理性化的時代

韋伯是從理性化的角度來思考西方何以發展成今日的型態，以及理性化對當今西方人具有何等意義。理性化本身就是一項廣泛、複雜，涉及多方面的過程。主要涉及手段與目標一致和圓融的問題，亦即在眾多目標中選擇目前最急需的一項，然後從各種達成此一目標的可能性（途徑、手段，方式、工具）中選擇最便捷、最省力、最有效的手段來進行，最終遂如願抵達目標。在做決定和選擇之前，便要運用理性的計算，預測手段達成目標所花費的代價成本和達

成目標的成果效益。韋伯認爲西方自早期猶太教和基督教的傳統，經由中世紀
到近古宗教改革而邁入產業革命，乃至工商發達的今日，每一時代都呈現這種
理性化的過程之演變，尤其是在新教倫理和資本主義的精神中，我們發現有融
通配對的情形。繼續和演變是理性化的特質，只是這種演變在韋伯本意中是承
認的，但在實際研究中，他卻否認世界性的歷史（universal history）遵照進化
的律則在邁進，這點與黑格爾和馬克思迥然不同。

　　當代研究韋伯思想的學者都認爲理性化和日益趨向合理化的社會中個人自
由的維持成爲韋伯關懷的重心。這個主題是在他著作中討論心理動機、文化價
值、宗教信仰和受經濟制約的社會結構之文本上。

　　再複述一遍，韋伯所理解的理性化，首先，是個人利害盈虧的計算（個
人）；其次，各種社會機構中的科層組織及表現方式（社會）；再其次，脫離
傳統社會的神祕性和執迷（文化）。可以說：我們所處的時代之命運，其特徵
爲理性化和主智（尊重知識）化，特別是「世界的去魅化」（Kenneth, 2010:
151）。

三、新教倫理中的論理和
資本主義的精神相契合

　　韋伯在其名著《新教倫理與資本主義精神》（1904-1905）中指出：新
教，特別是喀爾文教重新界定工作與虔誠（認眞祈禱、按時上教堂禮拜）的關
聯，因而改變成合理的勞動而獲得經濟的效益。在新教流行的地區，基督徒把
對上帝的虔誠移向上帝的召喚，以及捨棄教會（教堂和神父）的中介，直接與
神明溝通。這種理性的、根本不涉及超越宗教的範圍，然後在實踐中落實，使
資本的累積快速有效。一旦成爲資本家之後，宗教的情懷便逐漸褪失。

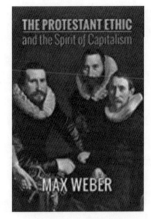

韋伯著《新教倫理與資本主義精神》的英譯與華譯

　　韋伯指出：對西方近現代的社會而言，理性化所形塑的不只是宗教方面信徒的行為，也擴及國家的行政組織、民眾的經濟活動和整個生活方式。比起世界其他重要的宗教文化而言，基督新教倫理促進信徒過著理性而規矩的生活（arational-methodial way of life），尤其在事業經營、工作倫理、休閒活動、節欲修養等方面導致人們刻苦耐勞，尋求人生奮鬥的意義。宗教信仰的目的在求取來生的救贖，而達成這一目的手段，則是今生在世的勤奮工作與不斷祈禱。由是可見新教的倫理不但為信徒提供來世的目標，還揭示現世合理的做法。

　　合理性（Rationalitat）和理性化（Rationalisierung）有所分別，前者是合理的狀態，理性化是人群走向合理性的過程。

　　韋伯在《經濟與社會》一書中，討論個人行為的合理性不多，而檢討制度團體的合理性較多。他除了區分工具性理性和價值理性以外，又分辨形式的和實質的合理性之不同。他談現代社會理性化時，指的是理性的、合理的制度無論是形式方面，還是實質方面都不斷在增強其重要性。形式的合理是一個過程的概念，這指經濟的、法律的和官僚的體系允許可計算性和可預測性（predilctability）隨時出現而發揮作用，至於經濟行為的形式理性表現為盈虧的會計，法律方面的形式合理表現在案件根據其特徵才定立案的可否，官僚體制之形式合理就要展現個別官員的決斷要符合通則、規定，而非僅手段目的之考量而已。因之，形式合理性表示行動要接受規律的約束。至於經濟的、法律的和官僚的實質性合理，是指這三種體系的主旨在創造貨物（商品）、收

入（薪資）和機會（升遷、發財、享受的機會）的分配大權，或達致某些實質目的。這些體系所以是合理是其成員不屈服於上司恣意的、偏私的私意，而是服從全民的期待和公共的目的。換言之，形式的合理性只考慮適應和屈服於法規而不計較後果。反之，實質的合理性則不問過程只談後果（Elster, 2000: 22-23）。

理性化的特徵包括日益增加的知識、方法條規的增多、辦事愈來愈非人身化（impersonsality，亦即事物的呈現和個人的身分愈來愈無關，「不因人立言」、「因人廢言」），以及社會生活與物質生活蒙受愈來愈多的外來之干擾和控制。

在他後來的著作中，理性化的主題出現在官僚科層制和正當性權威的研討上，亦即統治之三種形式，包括法律兼合理型、傳統型和卡理斯瑪型。其中成爲現代主流政制的大多是法律兼合理型的統治和權威。從這些歷史的演變中，韋伯看出社會趨向理性化，不只社會的變遷，就連經濟的演展也循理性化這條路徑在邁進，其高峰爲現代理性和計算精細的資本主義。理性化將西歐和世界其餘地區切開，因此，理性化出現在倫理、心理、宗教和文化的改變之上，也在社會、經濟、政治和整個西方文明之上。是故，哈伯瑪斯說：

> 韋伯所描述的不只是西方文化的世俗化，而且是特別從理性化的觀點看待現代社會的發展。現代社會的新結構之特徵係兩個相互交織體系的分歧，這包含資本主義企業組織的核心和國家機器的官僚制度。韋伯理解這一過程乃爲有目標兼合理的經濟和行政的行動之制度化。在文化和社會的理性化衝擊下，人群日常生活大受影響，因之傳統的生活方式（在近現代受每人就業之不同所造成的）也隨之消失。
> （Habermas, 1990: 2）

接近晚年之韋伯

中年韋伯

四、合理、合理性、理性主義和理性化

什麼是合理（rational）？什麼是合理性（rationality）？什麼是理性主義（rationalism）？什麼是理性化？要解答這個問題便要在韋伯的文本中爬梳，特別是在他留下長稿的《經濟與社會》厚帙中去尋覓。首先引用幾位研究韋伯學的專家（Weberians）的意見，從中找出韋伯的心思。田布魯克（Friedrich Tenbruck）指出：韋伯整個作品「包括方法學在內，其存在的基礎在於什麼是合理性這一問題」（Tenbrruck, 1980: 343）。此外，布魯貝克（Rogers Brubaker）說：「合理性在韋伯的作品中是一個關鍵詞，它加以審視和引申可窺大要」。又稱：韋伯在很多文章脈絡中插入「合理」的形容詞，特別是和資本主義和新教兩詞並用之際，發現有不少的歧異。檢視他在合理的資本主義與合理的誓反教之語境上，發現至少有十六種有關合理的定義，包括「經過考慮的、有系統的、計算的、非人身的、工具性的、精確的、數量的、受規矩控制的、事先可預測的、合乎方法的、有目標的、理智的、小心翼翼的、有效的、可以理解的和經常的」（Brubaker, 1984: 2）。

在討論合理性時，不能不先思考韋伯所導的方法學上的個人主義。這是指社會現象包括社會結構和社會變遷，其解釋最終要提到組成社會的成員（諸個人）之行為。只要個別成員有其信念和欲求，為了達成欲求，在信念指引下會設法找出合適的手段來（進行）選擇，這便是合理的、理性的行為。顯然，個人的欲求便是從他本身的利益衍生的。方法學上的個人主義是一種化約論，為解釋複雜的社會現象不得不化約到組成社會的元素之個人的舉止言行。人群行為合理是部分建構出來的，也是部分方法學推演出來，也有部分是實質的。它是建構的，乃是我們假定他人都要求言行合理；它是方法學引申的，是指我會假設其他人通常都做合理的打算和行事。至於實質上把別人的行為當作合理，是因為在生活的遭逢裡，別人的合理行為可從經驗現實中是證或否證中得來。

合理化、理性化係指邁向合理化的發展，即此一發展的過程而言。這是韋伯力言：西方文化有異於東方文化特別之處。不但在宗教上、經濟上，甚至文化上，西方優於其餘世界各地之處在於此一合理性的追求和進路。儘管他在其巨著《經濟和社會》第一章社會學的定義中，對此一成長過程未加深入討論，但在《宗教社會學文集》中卻占有重要地位，也在《經濟與社會》其餘的部分

有所陳述。理性化、合理化之過程可以被視為韋伯歷史哲學的核心（歷史邁向理性和合理），也是理解他對社會和經濟思想主要創新之捷徑（Sica, 2000: 42）。

　　在《宗教社會學文集》中，韋伯說：「西方文化中出現特別的和殊異的理性主義（Rationalismus）」（PE, 26）。他用理性化一詞在表述：「工具性的合理行動之不斷增加，有助於價值兼理性的社會的創新之增進」（PE, 30），他也指出「合理化這一概念的定義繁多」。合理化、理性化涉及諸多現象，例如「〔從〕神祕性思維〔出發〕——經濟生活的合理性、科學研究技術的合理性、軍事訓練的合理性、法律和行政的合理性。進一步來說，上述各領域，都用不同看法來探討各自的終極價值和目的，而予以合理化。再說，對某方堅持為合理性，對他方可能說是非合理。因此，各種不同性質的合理化散布於個人生活中和文化裡的各部門當中」（PE, 26）。

五、韋伯理性化概念的提出和釋義

　　對韋伯而言，理性化的過程乃是人類發展史上獨一無二和難以操控的現象，是比他其他概念和理論（例如卡理斯瑪、價值中立、理想類型、層化群落和官僚制等）更受歡迎的概念，也是更受推崇的理念（Sica, 2000: 42）。他晚年宗教社會學和經濟思想的核心，也是他對社會科學的新貢獻。他發現現代社會愈來愈朝向有秩序的方向和境地發展，這有異於早前社會聽天由命的自然狀態。明顯地，人群的思想和行動朝向選定的目標逐步邁進。韋伯看見宗教、法律、行政、政治、藝術都要講究合理，達成秩序，因而產生現代世界應用科技的高度物質文明和精緻的精神文化，這是理性化帶來的成就，值得吾人歡慶。但是潛藏在合理化背後症候式、病態式的反面因素卻也存在，它會侵蝕和剝奪人群所嚮往的個體性和自由。

　　由是可知韋伯的歷史哲學中最普遍的元素乃是理性化原則，原因是制度的興衰、階級、政黨、統治者的起落，都受世俗的理性化所操縱。理性化過程所引發的人群取向和心態之改變，使韋伯喜歡引用席勒的說詞：「世界去除執迷（去魅化）」（Entzauberung der Welt），以此來描述複雜善變的人生和世局之演變（分工細緻化、專業化）。這也涉及古往今來的先知、聖賢、哲人和俗

眾都趨向醒覺、開明、完善之途邁進，在教育、訓練、科技方面也愈趨普遍和
精良。由於他厭惡在經驗科學中混入哲學，所以不把歷史當成循環或直線上升
的演進來加以說明。是故歐洲文化的演展，顯示此一制度不斷橫向和縱向四處
擴張。連音樂中的聲韻和諧以及交響樂的出現，都被韋伯視爲人群理性化的表
現，難怪他也被後世尊爲音樂社會學的先行者（Feher, 1987: 147-162）。

　　近年來西方（尤其是美國）學者對韋伯著作最感興趣的部分，爲新教倫
理和資本主義的精神，與此相匹敵的則爲理性化這一議題。但要找出他詳細
討論這個專題的文本之出處頗有困難，原因是作爲政經學者與法學家（1889-
1897）的韋伯和作爲喜歡比較考察的學者（1904-1920）之韋伯想法常常不一
致，這是找出合理化的定義、特徵、原理之文本有所困難之緣故。

　　在韋伯浩繁澳散的著作中，要找到他對「合理化」一詞有精要而又詳盡
的說明是相當不易的。勉強可以派上用場的是他在《法蘭克福通報》的通訊稿
〈新政治秩序下德國議會和政府〉一文。其中的一段我們節錄和意譯如下：

　　就歷史發展而言，時代進步到官僚型的國家時，其特徵爲司法官僚與
　行政官員按照合理建構的法律和行政程序來裁決和執行政務，這是合
　理化的法律與政務的推動。這種舉措和設施必然會與近現代發展與資
　本主義更爲貼近。現代資本主義式的生意之基礎建立在「計算」之
　上，也就是講究盈虧得失。現代商務的存活依賴司法和行政可預測的
　計算之上。它的功能就是發揮穩定的、可靠的規範（法律、條規），
　就像機器那樣穩定可靠的操作。與此相對的便是奧斯曼帝國施行的
　「卡迪司法」（cadi (KhadIi) justice），其判決完全視法官個人的感
　覺好惡，這種個人化、隨心所欲的裁決今日仍在近東盛行。此外亞洲
　國度父權式專制統治集團（Herrschaftsverbände）依靠傳統的、非理
　性的規矩習俗的裁決和判案都不是合理的現象。這兩、三種非理性政
　制在過去四千年間也一度出現在歐洲，甚至形成盜賊式的資本主義。
　現代資本主義與前面所提的兩、三種政制最大的不同，在於資本的取
　得建立在合理的科技基礎上的工作有效組織。像產業革命前後，英國
　律師爲了客戶的利益，把法律形塑成穩定可靠的法規，導引商人循規
　蹈矩去進行交易。另一方面規範法官遵守先例、依法判決，而形成可
　預測、可計算的案例。（PW, 147-148）

　　韋伯對理性化造成的結果評價不一。一方面認爲對社會和個人各方面的
進步有所助益，特別是個人從各種束縛中解放出來，不受傳統規章的約束；
他方面又把個人化成機器的零件，剝削個人的自由，甚至把人們投入科層組
織的「鐵籠」裡（Bendix, 1977: 60-61）。與理性化相關聯的概念便是「去魅
化」，它意涵世界變得愈來愈不需加以解釋，而去其迷信神祕的薄紗，從多神
教移向一神教，甚至發展到不信神明，只信科技萬能的現代性狂妄裡。

　　不過韋伯並不把理性化與迷信看成對立的雙元現象，他也沒有認爲只要
理性化實現，所有迷信和神祕化都會化做烏有。不管理性化對社會各方面的影
響有多重大，他認爲這個過程就是從「社會生活中把飄渺的……、高尚的價值
移出化除」，人的藝術創造力也跟著消失。由此可見韋伯用一個雙刃劍式的
（dystopian，與理想國utopian相反的令人驚駭可怕的國度）名詞「理性化」，
一面讚揚它，另一方面批評它。這是由於現代社會乃是宗教改革強調個人主義
式的努力（信徒個人直接與上蒼溝通）造成的結果，另一方面這個現代社會形
成過程中逐漸不接近眞實的個人主義；相反地，藉著理性的力量把個人混同
化、平庸化、鈍化。

六、國家官僚和社會科層制度促進理性化大規模發展

　　在其巨著《經濟與社會》第二部第三章〈統治的型態〉中，韋伯指出官
僚制度出現在統治組織像國家之中，這是理性化的表現。不僅國家隸屬於法
律統治的範疇，就是有上下不等、統屬關係（Hierarchie）（洪鎌德，2020：
7-16），就連神職人員所活動的教會和從事商貿交易的商社，也要維持上下不
等的領導和服從的主從關係。可以說，這也是另類法令規定的統治結構，只是
其成員不是官員，所以這類結構不能稱爲官僚制，而改稱爲科層組織中的成員
（科員、辦事人員）。總之，國家是統治機構，也是處理人、物、事的業務單
位（busiiniss）（WuG, 164-166）。

　　就字源學上的追蹤而言，西洋第一位提起「bureaucratie」的學者是法國重
農學派的古乃伊（J. C. M. Vincent de Gournay, 1712-1759），他把政府的治理

當成「辦公桌的管理」，亦即「bureaucratie」之意。

　　韋伯有關官僚制和科層制的理論，一般稱爲「法治兼理性的模式」，這是由於他試圖以理性、合乎理性的觀點來解釋科層制的緣故。首先，他聲稱：「各種不同的辦事處愼重界定和明訂組織的整體和分門別類之職務能力所需的原則，作爲科層制的基礎，在基礎之上則靠法律、規定和行政命令來支撐」（Waters and Waters, 2015: 76）；其次，他分辨公部門（政府方面稱爲官僚體制的部分）和私部門（特別是人群經濟活動所形成的資本主義下公司行號科層制中公部門的官僚制和私部門的科層制），其運作主要的因素爲：

(1) 在科層體系中各級辦事員的權責有分工精細的規定；

(2) 建立嚴格的規定，俾上級能夠向下級發號司令和進行獎懲；

(3) 僱用有專才和專業的人員，俾能長期運作而不致間斷。

接著韋伯以下列特徵來描述官僚和科層制之施行：

(1) 官員和成員各具特殊的專長和角色；

(2) 僱用應憑人員的才能和成就（從公開競爭選取）；

(3) 在行政體系中任職、升遷、轉職要倚賴單一的原則（同一的標準）；

(4) 鼓勵人才久留與專職（生涯主義），具備薪資穩定的結構（年資和優遇）；

(5) 上下不等的結構、職責的輕重、究責機制；

(6) 官（科）員須降服獎懲的規定；

(7) 抽象的規定之無上地位（法規至上主義）；

(8) 非人身的、非個人身分的權威（不在其職不謀其政）；

(9) 辦事員對政黨派是非一律採取中立態度（*WuG*, 161; Waters an Waters, 2015: 76-85）。

　　上面有關官僚制（Bürokratie）的分析是根據維基百科簡化的複述，稍微詳細的鋪敍則可參考Hans-Peter Müller的《*Max Weber*》一書的說法，分別就官僚科層制的結構、生成和後果來進一步考察。當作法律統治的日常行政之官僚制度當然要注意下述原則：

(1) 受約束的公務機構之持續操作者要遵守機構的法規；

(2) 職權（權限，Kompetenz）要劃分清楚（權力和義務以及強制手段應發揮其作用）；

(3) 官署職位應有高低（金字塔型的上司下屬的結構）之分，有指揮、監督、執行、訴願等不同的組織，在行政業務推行中；

(4) 技術性的規則或行政規範，讓專業本事者來推動專務；

(5) 行政人員分為官員、僱員、工友等類，按其勞績分別領取不同的薪資；

(6) 職位非終身保有；

(7) 依案卷處理之質量，決定績效（*WuG*, 161 *ff*）。

從官僚的組織則中產生了現代官員的特徵，包括：

(1) 契約任命生涯規劃的原則，官員視服務公職為其一生主要事業；

(2) 官員以獲得專業資格為服職和升遷之依據；

(3) 辦公時避開個人喜惡和關係，完全以公事為主（*WuG*, 163; Müller, 139-140）。

關於官僚制的產生（Genese）韋伯曾詳細敘述古埃及、中國早期和古羅馬的往事，綜合所述我們可以舉其要點：

(1) 貨幣經濟出現和發展，促成稅務的建立，也造成官僚體制的誕生和茁壯；

(2) 隨著經濟的發展，官僚職務也大為擴張；

(3) 技術的躍升成為辦事效果的豐碩，造成技術優勢。韋伯說：「精確、迅速、明晰、案卷熟悉、持續性、保密、頭尾連貫、嚴守上下一致、人際磨擦的減免、人力物力和費用的節省，都是嚴格的官僚所顯示的長處。受過訓練的官員所形成的專業行政官僚，比起其他類型的官僚組織更能升高其功效」（*WuG*, 161-164）。

總之，韋伯認為官僚行政的特徵在官僚擁有知識，亦即技術性的專門知識和事實的認知（*ibid.*）

談到官僚化的後果，韋伯指出三點：

(1) 官僚結構與事物經營資料（sachliche Betriebsmittel）的集中管理同時出現，也就是經濟的、軍事的、行政的、政黨的、大學的資源得以集中而有助於辦事之際。這就是形成大型的組織來滿足各方需要的時刻；

(2) 其結果就是經濟和社會地位差別的削平：既然人人憑能力而應聘，則才能原則壓服特權原則。官員的知識才能是其勝任和升遷的標準，從而不計其出身和機遇；

(3) 通過現實考驗悍然建立的官僚結構變成了「統治關係中牢不可破，而化為實用的方式」。他們為了保證其職位和優渥的待遇，遂與其服務的機構緊綁在一起，同樣習慣於官僚統治的群眾也大多倚靠官員的服

務安然渡生。

　　綜合上述，所有行政行爲都被抽象的規範律則所約束，其次，形式的理性準則成爲官員任事的取向。這點與政治領域中的國家和黨派的社會和歷史的發展同時邁進，在經濟領域中則成爲資本主義結構所不可缺的支架。歷史情勢的發展使官僚制成爲最通行的統治型態，進一步的官僚化成爲「客觀的必須」（*WuG*, 164-165）。人們或許同意韋伯把理性化與官僚化視爲相互交融的未來世界載體看待，但卻懷疑民主政制和官僚化在未來會不會合體交融（Müller, 142-143）。

七、韋伯對理性化褒貶看法的引申

　　法國社會學家福倫德（Julien Freund, 1921-1993）指出：「不可把韋伯的理性化混淆爲歷史的理性化，後者涉及普世演變過程途上的人類之進化……前者爲西方高度文化特有的科學上之專業化和技術上的分殊化之產品，有時連繫到知識化的概念（Intellectualization）。理性化可以定義爲：透過活動的分工和協調來組織人與人的關係、人與工具的關係、人與其環境的關係，其目的在達成更大的效果和生產力。因此，它是藉由人群科技智慧產生出來，純粹的實踐性之發展。韋伯又把理性化看作人群追求完善的努力……當成生活之道和征服外界智慧性的改善活動……他分析人類主要活動的各部門之演進，像宗教、法律、藝術、科學、政治和經濟」（Freund, 1969: 18）。

　　此外，卞狄克斯在《經濟與社會》一書裡有關「官僚技術優越」一節中，找到理性化闡釋較爲詳盡的地方（Sica, *ibid.*, 49-52）。

　　卞氏指出：官僚制度注重不偏不倚的原則，受資本主義所歡迎，當它不計親疏利害、感覺好壞而保持客觀中立態度去辦事。「取代舊秩序的紳士受個人利益指使、彬彬有禮、求取好處，新社會要求外頭的設施，在配合個人的所需時，其結構愈趨複雜而其功能愈趨專業，也就是倚靠『實踐的專家』之協助」（Bendix, 1972: 159）。

Julien Freund　　　　　　　　　Richard Bendix

　　韋伯對人類一味講究理性化的結果，並不持樂觀的看法。在他看來西方的、現代的民眾，變成要求愈多而導致愈來愈不成熟的模樣。當情勢滿足東西人群短期的欲求時，他們會稱這一情境為「合理的」，可是一旦情勢讓他們或多或少得到滿足之後，他們就會對合理性的制度所帶來的嚴格要求、束縛和壓迫提出舒緩、解放的呼聲。由是合理性對人群的行為及其組織不再影響重大。後現代主義者逃脫科技理性、工具理性以及砥欲重返清心寡慾的早前世界，正是這種心態的表示。這種轉變不但是精神分裂，更是幼稚無知。一方面在職場上要求有所規定的、可預期以及不需自動自發的工作環境，另一方面要求下班後享有自由的和不受干涉的休閒安適。如果韋伯能夠活到資訊發達的今天，也許他會在其大作《經濟與社會》中另闢一章大談符號和數碼宰制下，人間文化展現何種模樣（Sica, 2000: 57）。

　　在深受歌德大作《浮士德》影響之下，韋伯對浮士德和魔鬼的打交道感受極深，是故在其名著《新教倫理與資本主義的精神》一書的尾端他指出：

　　　無人知道未來何人會住進這個鐵籠中。無人得知在這個重大的發展過程中一群全新的預言家會崛起，或者舊理念、舊理想再度湧現。無人會知道是否有機械化、僵硬化、表面華麗、實質上令人震撼的自炫自傲重新浮現。其原因為文化發展的最後階段出現的現象，幾乎可以說是「專家沒有精神，多愁善感者〔文人、哲人〕沒有心思」。這種一無所有的空虛只能想像文明已達到過去未曾達致的階段。（*PE*, 182）

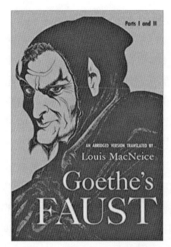

歌德的大作《浮士德》

　　由是可知，韋伯對理性化問題的看法，既有讚揚的部分，也有擔心的部分。因為理性化為個人帶來知識的增進、能力的提升、理想價值的落實和自我的實現，同時也導致社會的科層化、社會的制度化，個人的創造力逐步被限制、被束縛，行動空間逐漸被縮小，最後無從找到擺脫的機會，亦即個人要在知識上面接受誠實的考驗，「〔人們〕是否〔願意〕生活在對神無知，對先知不識的時代中呢？」（WL, 552）。

　　作為一位反對實證主義的韋伯，不認為理性化的極致就是放棄宗教而擁抱科學。相反地，他深切體認科學認知的界限，他深知藉理性的方法也無法重新掌握歷史的實在之意義。認為科學只能幫助我們預知各種行動有哪些結果，而無法協助我們做行動的選擇，只有個人的世界觀和人生目的之看法（價值、理想）才能指導我們去做選擇。而價值和理想人各有異，甚至互相衝突，這個衝突無法靠經驗性的科學來解釋和解決（WL, 154）。

　　在〈以科學為志業〉一文中，韋伯要求大學生和知識分子對最終價值和生活意義之關聯是否一致做出分析。人們不只要在各種不同的價值中選擇一種作為最高也是最終的價值，還應當在堅信倫理和責任倫理中選擇其一來面對現世實在的要求。在擇取價值之際，科學僅能告訴行動者的人群做何選擇會產生何種結果，而無意替他（她）指出如何來選擇，才是既合理而又最有利；因為對專家而言，科學只是技術，只是技術方法。至於價值屬於不同的精神領域，不是科學可以准入的、進入的（GARS, I, 252）。

韋伯強調並非宗教的精神利益，而是現世的物質利益直接指導人的社會行為。雖然如此，諸大宗教透過世界觀的形塑，正是指導人群行動的源泉。只是世界觀不是獨立變數，而是倚賴變數，依賴社會和經濟的因素而變動。在《宗教社會學論文集》中韋伯稱世界觀和「經濟看法」（Wirtschaftsgesinnung）存有相互溝通的關聯。換言之，宗教原始的、更新的理念激發其後理性化和去魅化，最終把世界推向現代化。在發現宗教的理性化之際，韋伯「將理性帶回歷史，或者說，把崇尚科學主義和現代化所依靠的理性帶回歷史，使人類的歷史重歸統一」（GARS, I, 252），韋伯把社會描寫為「三重階層化的體系」（Three-fold system of stratification），也就是由經濟階層、社會階層和政治權力所構成。這三方面成為韋伯在其大作《經濟與社會》中屢次提及的階級、階層（Stände）和政黨，涵蓋經濟、社會和政治的氛圍。這種上下有別、階梯式的統治與附從（統屬）關係，不但存在於古早的原始社會，也盛行於今世現代的社會。韋伯一向不贊成凡人皆平等的說詞，而相信社會的結構為上下不等的統屬關係（Hierachie）。在中古與近現代層級（Stände; estates）社會中，榮譽的分配是根據血緣和地緣的社群的人際關係而進行，這是有別於建立在理性之上社會的分配之原則。這點顯示韋伯有異於馬克思把生產財的分配立基於市場之上的階級。馬氏認為在市場上貨物和勞務的交換流通，單靠現金連結和階級集結，而無形無狀地在進行。馬克思強調社會的分歧和分裂乃是由於壓迫者的有產階級對抗被壓迫者的無產階級。反之，韋伯認為階級鬥爭只是人類諸多衝突之一。除了經濟手段和資料的分配之外，還有榮譽和特權分配的階層，以及政治權力爭奪的政黨競爭（Waters and Waters, 2015: 7-8）。

韋伯在受到尼采的唯名論（Nominaliismus）[1]影響下，加上受到康德個人理論的如雷灌頂之下，認為個人才是獲得知識、追求價值和發現真理的先決條件（主體），從而拒絕黑格爾個人具抽象的轉型能力說[2]。此外，韋伯接受到黑格爾持續的觀點之影響，而談理性化，談發展。可是他終身致力的理性化之

---

[1] 這是把個別事物映入我人的感知世界，賦予名目而成為抽象的理念世界，如此一來真實的、經驗的世界變成抽象的、名字的、虛幻的世界。

[2] 個人由感覺而產生意識，進一步有了自我意識，乃至碰觸到理性，理性轉變為精神，個人主觀精神轉化為時代和社會的客觀精神，最終抵達上帝的自知，也就是絕對精神，人達到絕對的知識無異神明自知自識。換言之，個人由無知無識走上精神探險之途，變成有知有識，最終得到絕對的知識。這是黑格爾精神現象說的主旨。

現實研究，顯示他排斥演化論，也就是反對黑格爾和馬克思歷史中的進化論之說詞。不過哈伯瑪思卻指出：韋伯研究的課題自然會產生演進的觀點（視角）（Habermas, 1986: 143）。這就是韋伯的自我矛盾和困惑之所在。

接受滕尼斯「社群和社會」分辨，韋伯視理性化和科層組織是屬於社會而非社群，亦即社會的產物。顯然，韋伯看出社群和社會不同，但有異於滕尼斯兩詞的不同和兩詞的用法，他更重視「社群化」和「社會化」的相異。他也理解滕氏在「社群」中置入「和諧和溫暖」用以對照「社會」的「磨擦和冷酷」，也就是在近現代工業社會形成之前，歐洲封建社會是建立在血緣和地緣接近之上，其後演展成分工和合作的社會結構大為複雜、功能大為分歧的現代社會。由於理性、知識、科技、工商業的發達，現代社會因而變成講究利害得失，善於計算和重利輕義的社會。在滕尼斯的看法中，由於擅長適應者才能生存的進化觀念，使他指出社會的優勢取代社群的劣勢（家庭關係和經濟上缺少效率），亦即在社群中，他注重傳統和感情，在社會中則強調理性、合理。韋伯雖同意社群和社會作為兩個不同的範疇之分，但不認為這兩種社團組織會有內存天生的優劣。現代生活是庸俗的，但早期生活卻也有精緻高雅之處。他在社群和社會之後加上動名詞（社群「化」和社會「化」）目的在顯示社群化成員之間感情上和情緒上的加強，以及社會化中理性的市場勢力之抬頭，表示動態的演變過程。

不像滕氏認為社群直接演變為社會，韋伯視社群化和社會化彼此像油與水有並存之時，也有混合之時，兩者進行辯證的互動。早期機械性的社會規模小，彌漫社群氛圍。工業社會中，工會合力捍衛工人的市場地位，顯示緊張關係有形成和化除的機會，也表示工人走上團結和邁向社群緊密合作之道。這種社會的新象包括異化、去魅化和客體化（喪失主體性、物化、商品化）是韋伯體會馬克思、尼采的想法，是理性被非理性所包圍和纏繞著的怪異現象。

這種怪異現象的現代版本可從盧卡斯（George Lukas）1972年以來連續推出《星球戰爭》的影片知悉。這些科幻片可以連結到赫胥黎、卡夫卡和歐威爾等人認為高度的合理性反而產生非理性的效果，亦即從未來人類可能受獨裁者（「老大哥」）的操縱宰制，從虛幻的世界的虛擬小說上看出。也就是個人的自主與集體的限制相衝突極度的理性產生了嚴重的非理性。

另一個非理性宰制理性的顯例無過於美國社會的麥當勞化和全球麥當勞化所呈現的美國化（Sica, 43-44）。伴隨合理化而做的改變在過去兩個世紀中橫掃全球，包括戰爭如何進行、生意如何經營、學習如何數碼化、個人如何安排

其生涯、規劃其人生，這些都是理性化帶來個人和群體所產生的重大改變之所在。

麥當勞化顯示韋伯有先見之明

八、信仰倫理和責任倫理

為了脫離非理性所帶來西方人的困窘，韋伯提出責任倫理（Verantwortungs-ethik）來取代過去宗教思想籠罩下的信仰倫理（Gesinnungsethik）。他認為當代西方的知識分子應肩負時代使命，發揮道德勇氣，尋找困境的出路。責任倫理和信仰倫理不同，後者產自傳統社會堅定的宗教信仰，是對宗教教旨的目標和價值的堅決信守，一旦目標和價值確立，則任何手段都可以派上用場，為目的不擇手段，亦即非理性的、非計算的評估利害得失，跡近迷信狂熱地去達成其目標。

德文Gesinnungethik的英文翻譯有「the ethic of conviction」（Brun, 2007: 250-254）、「the ethic of single-minded conviction」（Roth and Schluchter, 1979: 66.n.1）、「the ethic of principled conviction」（Lassman and Speirs, 2010）、「the ethic of moral conviction」（Waters and Waters, 2015: 30）及「the ethic of ultimate ends」（*GM*, 120-128; Swedberg and Agevall, 2016: 122）。亦即

Gesinnungethik有信仰倫理、堅信倫理、道德性堅信倫理、終極目標的倫理等意思。這是基督教常用的詞彙，韋伯也引用路德的話：「基督徒要做正當的事，其後果則掌握在上帝的手中」（*PW*, 359）。這意涵行動者為了某項價值（例如來生的救贖）而採取行動（進教會、常祈禱），但他能否獲得拯救，不是在世可以預知，因之，他無法為其行動做出符合責任倫理之事，只能盡力採取行動，而期待成事在天。韋伯說行為取決於信仰倫理，並非說行為可以不負責任，也不是責任倫理等於無原則的機會主義。這兩種倫理的差別有如斷崖式的崖頂和谷底之懸殊，更何況信仰倫理還是宗教用詞（*GM*, 120-122）。

　　與信仰倫理不同的就是責任倫理。責任倫理既非宗教式對某一目的狂熱的執著，也非只顧目的不擇手段的胡作妄為，而是理性地、冷靜地對目的和手段做適當的衡量，一方面考慮目的合適性、正當性，另一方面衡量手段要達成目的可行性、效率速慢和節省程度。韋伯指出這兩種倫理之間的緊張關係，加之，責任倫理構成了政治實踐的核心（Dahrendorf, 1992）。特別是政治人物必須對政治情勢和國家元首、立法者、政黨制定的法令採取特定的立場。這和政治常要訴諸暴力有關，也與從政人員必須具有熱情和耐心「俾貫穿一堆堅硬的木塊」有關（*GM*, 128）。當前官僚們下定決策取向於既定法律和參考各方關係，而不計較理想、價值或原則，卻考慮後果及可能擔負的責任。不過，這兩者並非對立，而是相輔相成，彼此存有辯證的關係（Waters and Waters, 2015: 30）。當然韋伯不會認為責任倫理是解決現代人陷身困窘的唯一仙藥。基本上是他在喚醒西方知識分子如何對抗在理性包裝下非理性的現實。

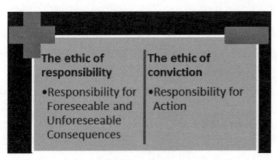

責任倫理和信仰倫理

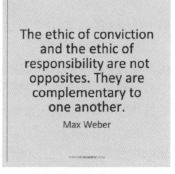

兩種倫理相輔相成

　　由於政治涉及權力和決策、戰爭與和平、存在和毀滅，是故在政治範圍內倫理的爭議始終不斷。韋伯在其著名演講〈以政治為志業〉中對政治家的特性加以描繪，而指出「政治的倫常如同事物一般〔可供檢驗〕」。除政治生涯之外，有哪種行業可以不計生活的目標而去執行、而去充實？生涯規劃中，政治人物的倫理據點放在哪裡？（*PS*, 536）。換句話說，對整體社會而言，政治扮演何種的角色呢？

　　一談政治和倫理的關係，我們發現有兩種見解，其一，認為兩者無關；其二，主張政治如同人的其他行為要倫理的規範。是否還有第三種看法呢？也就是所謂的政治的倫理。係把政治視為本身的邏輯和本身的價值，亦即政治隸屬於價值範圍裡，也具有它的生命秩序，其目的在把社會正當的和合理的利益導入倫理標準中。

　　韋伯顯然認為人際各種公私親疏的關係中存在著要求、規定（Gebote），以至於對政治——一個靠暴力做盾的權力運作——也要求有同樣的規範。否則便是強凌弱的暴政。

　　韋伯除指出信仰倫理和責任倫理的不同之外，還強調兩者對立的緊張關係，特別聲稱只靠信仰倫理以行事的政治家經常瀕臨失敗，因為一個堅持信仰倫理的政治人物常以公義的火焰來挑起民眾對不公不義的反抗，不過這種招數經常使用的結果，就是非理性行為，其最終必然有火焰失滅的一天（*PS*, 540）。這類的統治者不把失敗的責任一肩擔起，卻是怪罪人民、敵人、戰爭等，企圖把手段美化為目的，就是失敗的主因。在現實世界中，信仰倫理的政治人物突然翻轉，堅持的信仰倫理政治家一夜之間變成千禧年的預言者，大談「以愛來對付暴力」，不旋踵卻動用暴力來對付異己，例如俄國布爾雪維克奪權，藉追求的目的（建立社會主義）來美化其手段。

　　韋伯視革命和政治的交互出現為一種惡化過程（Depravationsprozess），統治者需要群眾的追隨，因之，必須滿足隨眾各種慾望和需求，另一方面對外要製造敵人、發動戰爭並贏取勝利和掠奪勝利（戰利）品。藉群眾的信服和盲從為其野心貪婪找到正當性，如此一輪一輪地墜落下去。

　　從政治和倫理的關係談到信仰倫理和責任倫理的關係。韋伯說：任何人想以政治為志業，就必須體認這兩種倫理的困惑；特別是對自己選擇負責，這是由於走上政治這條路，無疑是「讓魔鬼的勢力（diabolische Machte）乘虛而入。這些惡勢力隨時埋伏在殘酷暴力（Gewaltsamkeit）身邊伺機發作」（*PS*, 545）。

韋伯說：「卡理斯瑪係得自上天的禮物」

　　由於韋伯傾向於政治領域內魅力領袖的出現，因此對上述兩種倫理究竟偏好哪一種沒有坦白的招認，儘管事先他贊成「帶有機器的領袖」，意即像機器一般不眠不倦、效率極高。為了政治具有彈性活力，韋伯認為魅力領袖必須具有信仰倫理，不過卻擔心會危害日常的政治，蓋它成為譁眾取寵的手段。堅持責任倫理的政治家在日常政治中是可以行得通，不過日常瑣事會導致庸俗化、慣習化，最後把政務當做日常事務（routine）來處理，造成政治舞台變成一灘死水，由是可知他的理想政治倫理為魅力領袖的出現。這是一位受到信仰倫理激發，而在處理日常政務時，卻拳拳服膺責任倫理的領袖，而這又回到前面所談政治的定義。

　　韋伯說：「政治意指用熱情和眼測（Augenmass，高瞻遠矚）來把一大堆的木塊使勁地、強力地鑽鑿。〔政治是把不可能轉化為可能〕歷史經驗證實凡是無法把不可能之事加以解決，就不能處理可能的事物。能夠做到這一點的人，不只是當領袖而無愧，還可以尊稱為英雄。——只有能夠如此行事者，才算得以政治為志業」（*PS*, 548; Müller, 216-218; *GM*, 122-128）。

九、結論

在西方理性化演展的過程中，早期的猶太教與近世的基督新教曾扮演推動的角色，隨著其後城市的成形、國家行政的擴大、法律制度的成熟、市民階級的崛起、工商業的發達、科技的推廣和民族國家的出現和競爭等，使得理性化成為近現代西方社會的特徵。對韋伯而言，這種演變並非自然科學物理性的因果關係，而是在特定的時空條件下，新教倫理促成了理性化的現象，但這種影響不是單線的、一成不變的。反之，宗教的力量本身卻也發生變化，原來宗教的目標——淑世救人——逐漸失去社會主導的角色，實質理性化為形式理性、為工具理性所取代。工具理性一旦發展到某一程度，手段就會轉化成目的，以往勤奮工作和經常祈禱在於榮耀上帝之名，如今卻是為賺錢和致富而認真經營。隨著工具理性不斷前行，價值性理性逐漸泯滅，人類最終會掉入「鐵籠」裡，永不得翻身。「鐵籠」意味理性發揮到盡頭，會變成非理性，或說是工具理性的全面勝利，它會傷害人群的福祉和尊嚴，這些都不是早期宗教家和現代企業家原初的期望。這是韋伯對前途抱持悲觀的因由。

顯然，韋伯提出責任倫理以對抗信仰倫理，這是啟蒙運動以來人本主義、人文思想和人道主義的發揮，這是西洋古希臘以人為中心，把人當成世界主體，其餘事物供人使用的觀念之復現。他明知要把責任倫理落實在官僚盛行的國家和科層制普遍深入的工商社會各界是逆流而上的拼鬥，但現代人如欲保存這份個人的自尊自主與善盡個人的職責，則堅持責任倫理才是價值合理的正確選擇。

不過，韋伯晚年似乎對現實政治相當不滿，尤其痛恨政客無力把德國推向到歐洲列強中，遂期待魅力領袖之出現，既受信仰倫理的鼓舞，又在處理日常國政時，秉持責任倫理，負責盡職，成為英明領導和蓋世英雄，對韋伯而言，這也是理性化最佳的境界。

附錄一
紀念韋伯百年忌辰的意義

　　2020年6月14日為德國大政治家和大思想家瑪克士・韋伯百年忌辰。這位被英國大學者紀登士（Anthony Giddens）譽為西方社會學三大奠基者（另兩位為馬克思和涂爾幹）之一的德國學人，在很大程度上被看做和馬克思對壘，或稱與馬克思的幽魂之搏鬥者。當然批評馬克思主義者在西方思想界和文化界多的是，但在理論界和學術界中批判範圍那麼廣泛和內容那麼深，幾乎找不出第二人。

　　不過，我們不能誤認韋伯是馬克思的剋星。他曾經讚揚馬克思和恩格斯合寫的《共產黨宣言》（1848年）為高度的學術作品，而非政治宣傳手冊而已。他還說，當代學者如果不尊重馬克思和尼采的著作，那麼他的學術成就便要成空。

　　韋伯的出生、生平和著作似有略加介紹的必要。他於1864年4月21日誕生於德國中部埃福特市市長官邸，六歲舉家遷居柏林。其父後來任第二帝國國會議員，自幼耳濡目染父親和達官巨宦以及學界大儒暢談世局和國事，引發小心靈對政治的興趣。十八歲進入海德堡大學念法律、經濟、哲學、歷史。次年因服軍役轉學史特拉斯堡，受其姨丈——自由主義派史學家鮑姆加田的啟發，對學問有深刻的追求和反思。

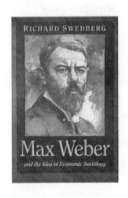

青年時代的韋伯　　　　　　　韋伯傳記

　　1884年在柏林大學就讀，兩年後完成律師資格考，1888年一方面爲博士生，他方面擔任律師實習生，加入社會政策協會。次年以一篇有關義大利城市和商社債務基金的論文取得法學博士學位。1891年完成教授資格論文，其討論的主題爲古羅馬農業史對公法和民法之影響。在這段時期因政策協會之資助，進行易北河之東岸農業工作人員生活條件之調查，調查報告引起注意和爭論，韋伯聲望因而大增。

　　大學畢業不久與遠親瑪麗安妮・施尼特格爾成婚。但因韋伯性機能障礙，未享夫婦魚水之歡。韋伯夫人是學識豐厚、見解超凡的新女性，不但持家相夫有道，在韋伯逝世後，還整理其遺稿，並完成第一部韋伯傳記。該年他應聘佛萊堡大學政治經濟學教授。1895年5月中就職演說，視國民經濟學爲廣義的政治學之核心，引發矚目。

　　在西南德大學城只上課三學期，便受海德堡大學禮聘爲經濟學教授。但就職不久，卻因護母心切與其父大事爭吵，在吵架後兩個月父親暴斃，引起大學者內疚而患嚴重憂鬱症，後變成精神官能症。精神失常前後長達五、六年（1897～1903年）之久。靠夫人瑪麗安妮陪伴多次旅遊義大利、法國和荷蘭而達成痊癒之目的。

　　1902年之後，韋伯開始大量閱讀歷史、社會學、哲學、憲法學著作。次年在海德堡大學恢復上課，改任名譽教授。1904年旅遊美國參加聖路易世界博覽會，收集大量資料作爲其後的大作《新教倫理與資本主義精神》的準備。同年與亞飛和宋巴特合編《社會科學與社會政策文庫》，這成爲德國20世紀最佳的學報。1906年在文庫上發表新教倫理一文，後變成單卷專書，震動學界，聲譽崇隆。1907年至1908年再遊義、法、荷等國，也出版《古文明農業社會學》。在基督教偏向社會福利的黨主席瑙曼慫恿下加入國家自由黨。

　　1909年參與德國社會學會的創立，因反對史沫勒以官僚方式支持德國工人運動，引發爭議，韋伯精神病復發，幸而及時治癒。1911年開始廣泛和積極地研究中國、日本、印度的宗教，兼涉及猶太教和伊斯蘭教，並著手撰寫其一生大作《經濟與社會》的一部分。1913年完成瞭悟社會學的概念所形成的範疇，以興奮和期待的心情迎接第一次世界大戰之來臨，他參與戰時服務管理十多個軍醫治療所，也開始公開批評德皇浮淺無能，他反對潛艦濫攻策略，也反對德奧合併政策。

倫敦發行英文《韋伯研究》

　　以新聞評論家身分旅行於柏林和維也納之間，韋伯在這幾年間分別出版《中國的宗教：儒學與道教》、《印度的宗教：興都教和佛教的社會學》。1917年出版《古代猶太教》，在報上發表有關德國憲改和俄國革命的時評。1918年接受維也納大學政治經濟學教授職，加入德國民主黨支持立憲君主制，次年接受提名競選國會議員沒有成果。1919年在慕尼黑大學演講〈以政治為志業〉；被提名為內政部長，也未能如願。參與《凡爾賽和約》與《威瑪憲法》起草工作，算是生命結束前的政治實踐。不幸當年6月中旬因染肺炎而死於慕尼黑大學任教中。

　　不像黑格爾和馬克思形成學派，甚至變成主義。韋伯逝世後，他的學生只零星地整理其遺稿，闡述他的學說。雖然如此，與韋伯有關的事物卻意義深遠。

　　韋伯式（Weberian）一詞今天代表幾種不同的意義，它表示講究理性、合乎理性、朝理性的目標邁進、理性化過程（rationalization）。這也代表對社會現象採取有異於自然科學因果關係的解釋，不像對社會和人文採取經驗和實證的考察方式；反之，使用瞭悟的（interpretative; verstehende）或闡釋學的（hermerneutic）方法來理解。

　　韋伯式一詞也反映西方社會秩序之理性化和合理化，以及西方人由此產生的相關的世界觀和人生觀。此外，這個利用韋伯的姓氏所牽連的事物，是指自然科學觀察的對象是自然界的、不具自主性、沒有歷史的事物、現象；反之，

勞恩斯坦堡國是會議（第一次）

人文學科和社會科學研究對象是人爲的、具有主體的、帶有文化意義的人文、社會現象，以致新康德學派大師狄爾泰的話：「自然只需解釋，人文有待瞭悟。」便顯示了意義。

從韋伯式的看法來看待世界大局和國際政治，不會只重國家要做大國（振興漢唐）或恢復昔日的光榮（讓美國再次偉大），而是全球霸權和國家利益的爭取、世界老大地位之保持和挑戰。韋伯對政治家賦予責任倫理，是故政治非僅從事公共事務的人之良心事業，更是他們在道義之外，應該講求的責任。韋伯視國家爲公權力的持有者，是壟斷性暴力的機關，在這次新冠肺炎肆虐全球之際，各國政府或封城、或封國、或對染疫者強迫關押，有的國家甚至棒打或擊斃患者，在在顯示國家使用暴力的無上威權。

西洋19世紀從黑格爾以來，馬克思、托克維爾、斯賓塞、尼采和涂爾幹等大思想家無不傾全力解釋人類在歷史中存在的意義，特別是個人和社會之間互動的關係。韋伯身處歐洲19世紀與20世紀相交歷史劇變的時刻，憑他超人的遠識和睿智把前賢的理論吸收、融合與發揮。雖未參透箇中眞義，但卻留給世人無限的遐思，成爲當代人文和社會學界亟需開發的寶藏。則紀念他百年忌辰是適時的，也是必要的。

附錄二
韋伯國家社會學的簡介

　　被當代著名的英國社會科學家安東尼・紀登士推崇爲社會學經典三雄（canonical trio）之一的韋伯（另外兩位分別爲馬克思、涂爾幹），對社會學的貢獻是全面的，包括一般社會學理論、社會實在（soziale Wirklichkeit）的認知論，以及社會科學方法論。但他在社會科學界享譽最高的卻是社會實在各面向中深刻掌握的國家社會學、政治社會學、統治社會學、法律社會學、經濟社會學、宗教社會學、新聞社會學、文化社會學、音樂社會學等。

Weber　　　　Marx　　　　Durkheim

　　本文擬簡單介紹他的國家社會學，主要闡述其國家觀的來源、特徵和影響。

　　首先指出他的國家觀的出現背景。韋伯出身於普魯士官宦之家，其父曾任市長、市府參議和威廉第二帝國國會議員，是屬於19世紀中葉國族主義和自由主義的政治家，多少擁護威廉二世及其重臣俾斯麥之政治成就。自小韋伯受家學淵源的影響，盼望有朝一日德國能夠統一，並與鄰國英、法、荷、俄成爲歐洲列強之一的民族國家（nationaler Staat）。鐵血宰相俾斯麥在普丹、普奧、普法三場戰役獲勝後，總算統一了分崩離析的德國，卻在功高震主下於1890年被拔官去職。其後將近三十年的變局，韋伯以學者、病人（曾兩度患精神衰弱症）、報社通訊員、國家民主黨參選人、凡爾賽和會代表、威瑪憲法起草委員、大學教授的身分加以觀察、評論和參與。

　　韋伯曾分辨不同類型的國家（Staat），如早期的宗族（Clan-）、世襲（Patrimonial-）、力役（Lehn-）、等級（Stände-）、商貿（Handel-）、權力（Macht-）等的國家。17世紀中葉以來以語言、民族、宗教、領域和風俗習慣相似爲基礎崛起的民族國家（Nationalstaat），特別講究統治（Herrschaft）、權力（Macht）、暴力（Gewalt）、秩序（Ordnung）、行政（Verwaltung）、官僚（Bürokratie）、政治（Politik）、法律（Recht），這些都成爲韋伯津津樂道的名詞和話語。不過終其一生，還是以實現理性的、現代的民族國家爲他奮鬥的目標。

　　韋伯認爲國家是人群「文化生活中最重要的構成要素」。他談到國家時使用了「理性的國家」（rationaler Staat）一詞，指的是西方近現代的國家。這是由於他強調西方文化優於東方文化之處，在於西方人擁有理性（Rationalität），因而形成理性主義（Rationalismus），以及對事物的處理在於使它合理化（Rationalizierung）。這涉及深思熟慮、估計利害得失、以何種手段達成既定的目標的工具性思維；合理化可以說是追求合理的成長與發展之意。另外，事物的演變事先可資預測，也是合乎理性的表現。韋伯指出節欲刻苦的理性主義（asketischer Rationalismus）是促成西洋文化變遷最具潛力的工具，是故他喜談合理的宗教、合理的資本主義、合理的國家等。

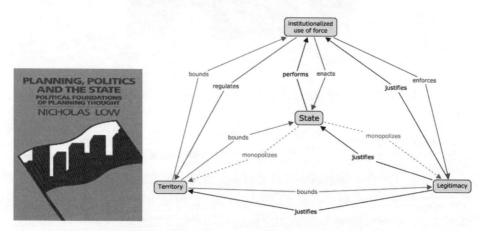

Weber and the State's Territorial Monopoly on Legitimate Violence
韋伯視國家爲擁有領土和正當性暴力壟斷的機制

　　在其大著《經濟與社會》的開端和結束，韋伯都以瞭悟（解釋）的社會學（verstehende Soziologie）之觀點來析述國家社會學，其主角乃是理性的國家。首先，他把國家視爲統治團體，「在特定地域、領土上藉其行政人員採取暴力的應用或強制施行的威脅，而使〔統治〕秩序及其有效性得以維持和證實。國家該是政治性的機構運作（Anstaltsbetrieb）之謂。只要它的行政人員成功地主張利用正當性的形體上強制力的壟斷，就能夠有效遂行〔統治〕秩序〔之維持〕」。

　　其後，他提示現代相互競爭的民族國家促成資本主義的崛起，國家與資本之結合乃是合乎統治秩序結合的結果，也造成市民階級（公民社階，Bürgerstand）的出現。他再度爲「國家」下了如下的定義：「國家係建立在使用正當（或被認爲合乎正當性）的殘暴性（Gewaltsamkeit）之手段來達成人對人的統治。爲了使它〔國家〕能夠存在，被統治者必須服從聲稱擁有統治權的統治者──靠的是其內在正當化辯詞和外在〔暴力〕的手段。」

　　從上面文本的引用，我們首先明瞭國家是最高的統治團體，是一種有組織的機構（制度），其運作可謂在發揮統治的功能，故稱爲「機構運作」，這是從功能性、能動性、動態性來看待國家。反之，以結構性、固定性、靜態性的角度來看待國家，則可視國家爲「運作的機構」（Betriebsanstalt）。

　　此外，韋伯上述的國家定義除了界定國家擁有排他性、壟斷性的最高權力──主權──之外，還可以藉正當性的辯詞來使暴力的行使和強制的威脅合理化，難怪在小市民的眼中，國家不僅是統治、壓迫的暴力機關，還會利用正當性、合法性來作爲其統治的辯護、飾詞。

　　韋伯國家觀的核心概念爲統治機構的正當性行使暴力，其衍生的概念爲主權、統治、領域、權力、權威、行政官僚等。換言之，可以把他的看法濃縮成機構的架式（結構）和統治的運作（功能），前者爲靜態，而後者爲動態。在此一靜與一動之間影響了其後德國保守公法學者、憲法專家舒密特（Carl Schmitt）的國家獨裁論。此人曾爲著名納粹分子，二次大戰後爲美軍所俘入獄一年。他初期鼓吹《威瑪憲法》規定下的總統擁有緊急處分權，接近獨裁制，認爲比議會散漫冗長的議而不決更具政治效率。這點與韋伯對議會的瞭解不經意、不甚熱衷頗爲相似。以國家主權之至高無上和無法讓渡引申到「政治的」（politisch）無處不在，具有處理各種糾紛的能耐，這是有異於一般所言的政黨「政治」或「政策」（Politik），換言之，日常的政治和政策是完成式，是靜態的；反之，「政治的」乃爲現在進行式，是動態的，是故「政治」

或「政策」的核心，涉及敵我關係、敵我態度。正如教會在宗教、經濟在家庭的重要地位，國家也在政治上扮演重要的角色。

在過去的一世紀間世局經歷空前的鉅變，包括第一次和第二次世界大戰，長達半世紀的東西冷戰和韋伯預言的社會主義國家官僚之橫行。這點加上國力消耗於阿富汗的征戰和執政者之無能，導致蘇聯之崩潰。再說，三、四十年來響徹雲霄的全球化面臨西方底層人士的抗議和有識之士的挑戰，乃至有解體甚至銷聲匿跡之可能，更因爲近年中美貿易戰端的開啓和當前新冠肺炎（COVID-19）的肆虐全球。各國所採取的鐵腕防疫抗疫措施（不惜封城、封國，對不服從者罰款、棍打、囚禁、擊斃等裁處）。這些現象突顯韋伯對民族國家正當性使用暴力的說法之正確精準，畢竟自17世紀中葉《威斯特伐利亞和約》簽訂以來三百七十年來的世界政治就是民族國家所形成的體系，這點更令人激賞韋伯國家觀所透露的睿智。

Max Weber's Theory of the Modern State: Origin & Analysis
韋伯對現代國家（築起高牆追求國家利益）的起源和分析有其過人之處

附錄三
韋伯百年忌辰紀念——從韋伯看馬克思

　　2020年6月14日爲德國現代最著名的學者，同時也是影響最大的政治家瑪克士・韋伯逝世一世紀的忌辰。德國和其餘歐盟國家，以及美、英、加、日、印等大國，都擺開新冠肺炎的陰霾，大力舉辦研討會來紀念他的學說和行誼。即便是反對中共官方硬性施加《港版國安法》之香港，也由中文大學出版了《二十世紀評論》韋伯紀念專號。足見韋伯在生受到高度的推崇，死後其影響力不減的一斑。

　　曾被戲稱布爾喬亞的馬克思之韋伯，他一生主要的著作被看做和馬克思的幽靈在決鬥。

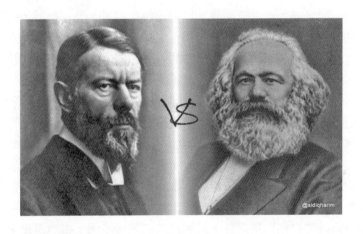

　　韋伯與馬克思都出生於19世紀德國中產階級官宦之家。馬氏父親爲執業律師，在當時算是帶有官職的辯護士。韋伯的令尊曾任市長，後來還擔任兩屆帝國的國會議員，豪華住宅位於柏林菁華地帶。自幼耳濡目染父親和達官巨宦以及學界大儒暢談世局和國事，引發小心靈對政治的興趣。韋伯於1864年4月21日誕生於德國中部埃福特市，比馬克思少了46歲，然其對馬克思不但有批評，更有讚揚。認爲當代做學問的人如不承認馬克思和尼采的貢獻，那麼所學便完全成空。他還把馬克思和恩格斯所撰的《共產黨宣言》（1848）看成高格調的學術作品。但兩人不同之處也不少：

THE MANIFESTO

Communist Manifesto

written in 1847 by

Karl Marx and Friedrich Engels

commissioned by the Communist League

©Study.com

第一，韋伯在頌揚共產主義奠基者的同時，卻也批評馬克思唯物先史觀的偏頗。韋伯不認為歷史本身含有發展的目標，不認為歷史終會實現共產社會和人類的解放。換言之，歷史無歸趨、無變遷規律可言，歷史是很多偶然因素的湊合。有異於馬克思唯物史觀之單元物質主義，韋伯的史觀是心物兩元或多元觀點。他深受19世紀西南德新康德學派的影響，強調人文、精神和社會科學有異於自然科學，不但研究對象不同，連研究方法也大異其趣。

第二，資本主義的出現不限於近代工業革命發生後的西歐，早期羅馬帝國、中世紀義大利北方港市都出現過小規模和短暫商業交易之初期資本社會，只有中國尊儒的文化和印度的教階制制度不利於資本主義市場經濟的活動。即便是英、法、荷和19世紀國土尚未統一的日耳曼工業資本主義，其出現不只是馬克思所強調的資本家貪婪所進行的資本原始累積。在物質利益的強奪巧取之外，促成資本主義崛起還有宗教的精神力量，亦即新教的刻苦耐勞專心事主的倫理，使教徒以勞動和祈禱過日，目的在求取死後成為上帝的選民。這種勤勉節儉，不加揮霍的禁慾生活，導致財富的增加，與資本家禁止目前的享受，期待事業的擴張是相通的。是故韋伯在馬克思所言資本家私財累積和物質利益的追求之外，為資本主義的產生，多了一項宗教信仰的精神因素。

第三，不但對資本主義的起源，雙方有不同的看法，就連資本主義的性質是否符合理性兩人看法也有差異。對馬克思而言，資本主義這一制度不但不合理，也是不公平的，故應予以摧毀。反之，韋伯強調西方社會組織有異於東方社會之特徵為合乎理性。不只西方社會，包括西方宗教、西方政治機構、西方早期崛起的和目前與未來資本主義的發展都是合理化過程的產物。原因是由於

理性化是人類史上發展的動力，而資本主義依靠工具性的合理化來發展，其出現是人類文化史上最大的成就。

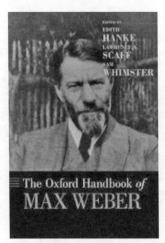

牛津版韋伯手冊

　　第四，不過，資本主義也會為人群帶來負面的後果，那就是官僚化跟著水漲船高，未來的工人都會一個蘿蔔一個坑，被關在資本社會的鐵籠之內。

科技愈發達，工人愈受剝削

　　第五，兩人都在爭取人類最終的解放和個人的自由。馬克思認為無產階級革命成功後，階級鬥爭終止、階級壓榨消失、人對人的剝削不復存在，人便重獲自由，整體人類得到解放。韋伯不相信人類最終可以達到這種絕對的自由，他沒有像馬克思一樣，一口斷言現代人都喪失自由，只是指出在合理性的擴張與侵襲下個人的自由相對減少。不過當今的社會是一個蘿蔔一個坑的專業化社會，作為自足、負責的個人，只要肯在其各行各業中認真工作，仍會在「鐵籠」中發揮活動的空間，也就保有，甚至擴大個人相對的自由。

　　第六，馬克思在認識論中採用辯證法，他認為辯證法就是「科學的」方法。但是，他的方法，與其說是實證主義、自然主義與經驗主義的科學的方

法，倒不如說是實在論（realism）。辯證法所以被他稱是科學的，主要是在思想裡企圖解釋矛盾，可是，矛盾出現之原因，卻是由於現實生活（實在，Wirklichkeit; reality）中產生了特別的矛盾關係。只有在現實中解決矛盾，思想裡的矛盾才會迎刃而解。馬克思萃取黑格爾辯證法的精華，而去掉其唯心主義的糟粕。他認為：精華的辯證法，不該應用到人心的運作上，因為這是在抽象的思維上打轉，並無法理解和解決人群現實的困窘，等於是思想的浪費。反之，辯證法能掌握事物「正」、「反」、「合」的變化過程；它符合科學求變、求真的精神，比傳統的邏輯更能掌握事物的演變。韋伯不把辯證法看做科學的方法，自然科學的因果之演繹法不適合人文與社會科學和精神學科之用。作為接受西南德新康德學說的韋伯一向服膺狄爾泰所言：「自然有待解釋；人文則需瞭悟」。

　　第七，韋伯社會科學方法論的特徵為方法論的個體主義（Methodological Individualism）。這就是從行動者的個人出發來解釋社會生活和人際關係，而非從諸個人的互動或群體的立場來解釋社會現象。後者為馬克思和涂爾幹所倡導的方法論的集體主義（階級和階級鬥爭；集體良知和集體意識）。韋伯社會科學方法論的貢獻有三：(1)瞭悟法的提出；(2)理想類型的強調；(3)價值袪除的鼓吹。韋伯重質性分析、重歷史敘述、重瞭悟，他企圖把觀念中具規律性、泛宇性與歷史上一度出現的個體性、獨特性、單一性合而為一，這是他何以重視以瞭悟（Verstehen）研究新方法之緣故。比起馬克思，韋伯重視個人行為關鍵性因素的意義是他高明之處。這不只顯示他的直覺與同情諸個人而已，而是其嚴謹研究的結果。將人群的行動和解釋合而為一，不只有利於個別行動，也有利於群體互動的詮釋。人們所賦予其行動以意義包括限制和機會，也包含動機的分析，韋伯相信：這是社會學者比自然科學家更卓越之處。理想類型既然是思想的圖像，並不存在現世，更不是實在本身。它不是經驗內涵的一部分。這些概念都是圖像。但在它們裡頭卻涉及客觀的可能性，吾人把其關聯性建構起來，並引向現實的幻想（Phantasie），就會抓到實在的精要。對於諸種理想類型的概念加以普遍應用可獲得一套「典型表」（Musterkarte），藉此瞭解事物的形貌。社會科學的研究對象本身帶有意識形態的性質，加上研究者主觀的偏好與考察興趣，要在研究過程上知道選擇、知所取捨，不做不當的價值判斷。不過價值牽涉（Wertbeziehung）和價值判斷（Werturteil）是有所不同，前者是牽涉到價值之事項，後者則連結到研究者的態度、立場。事實上，韋伯所要建立的瞭悟社會學並非價值袪除的社會學，而是研究者放開對研究對象喜惡

之情，改以客觀中立、不帶價值判斷的態度去進行的社會實在之考察。

第八，在《共產黨宣言》中馬、恩指出：「現代國家的行政機關無非是處理全部布爾喬亞共同事務的管理委員會」，政治權力也成為「僅僅是一個階級壓迫另一個階級組織性的權力」。由是可見國家不只藉政府的統治來保護和管理資產階級的利益，還是壓迫和剝削普勞（無產）階級的工具。恩格斯說：「國家無非是統治階級──地主和資本家──建立的組織，其目的在保護他們社會的特權」。與此相對，韋伯國家社會學旨在解析作為結構複雜又特殊，而又受時空制約（人管制人）的政治組織，亦即國家，如何發展、演變、運作，此一政治組織之結構特徵與時空限制成為他分析闡述的重點所在。韋伯視國家為合法壟斷公權力的機構，是人統治他人結構上特殊，而在歷史上獨一排他的組織。他說：「只要其行政人員在維持秩序時，成功地聲稱單獨擁有『正當合法的強制力』（das Monopol des legitimen physischen Zwanges），可謂為國家」。藉著警察權力的執行，保護百姓的財產，國家發揮其福國利民的功能。

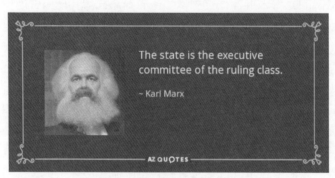
馬克思說：國家是統治階級執行委員會

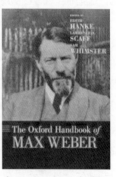
韋伯則強調國家為公
權力壟斷的機關

第九，比起英、法、荷等西歐國家，未統一全德的19世紀之普魯士，其工業化與經濟狀況是屬於落後的、非先進的國度，其君主立憲比起西歐各國還差一大距離，更離民主制度相當遙遠。馬、恩不但猛烈批判本國政府的專制，還抨擊先進資本主義英、法、美等社會未落實自由、平等、博愛的精神。1848年西歐革命的失敗，使馬、恩對資產階級革命推動者的自由派與民主派人士感到失望。他們遂大力倡導共產主義來取代自由主義。青年馬克思所主張的「真正的」民主，在於解決個人利益與普遍利益的衝突。「真正的」民主是把市民社會和政治國家融合為一體，只要兩者合為一體，那麼代議的旨趣便可以揚棄

了，也是無剝削、無異化的共產社會之實行。成年的馬克思認爲取消以財產之有無或多寡來限制投票權，並無法建立主權在民的民主原則。韋伯認爲在一個和諧的社群關係中，天擇是必要的，壓制也是普遍的現象。在社群或其他組織緊密的團體中，藉由協商所構成的同意之秩序（consensual order），只有在成員自動自發的同意下，才能成立和維持。其他型態的集體中，維持社會秩序，便要靠上下尊卑的統屬結構（hierarchy）發揮作用，由優勢者、強力者將其意志硬性加在忍讓的、妥協的、服從的成員之上。

韋伯談民主離不開上述兩項設準，這與馬克思憧憬的未來共產主義的民主之另一設準——和諧的社群生活——大爲不同。儘管兩人對實質的民主有這樣重大的差距，他們對西方民主發展的低估倒是相似的。韋伯與馬克思犯著同樣的毛病，就是對現行的民主體制及其運作產生的後果，只看到負面的部分，而不見其正面的意義。

第十，韋伯擔心他所處的西方社會造成民主化路途的坎坷不平，阻礙橫生。這樣的說法並不意謂韋伯排斥民主議程上所牽連到的社會的德目（諸如公平、自由、安富尊榮等）之追求。事實上，韋伯的政治著作透露他終身的奮鬥，也就是他掙扎在兩項可欲之間：一方是自由主義和民主的嚮往；他方面是德國民族主義和德國國際權力地位的追求。爲了擔心官僚制度的囂張，韋伯居然提出利用魅力領袖來加以制衡，這就是他提出的公民複決的領袖型民主（plebisiszitäre Führerdemokratie）。這種重視英明領袖而又兼顧大眾意見的民主後來被希特勒所濫用，可謂爲非正常化的政治以及領導所造成獨裁的結果，這絕非韋伯始料可及。

綜合前述，韋伯對馬克思的挑戰是全面的、普遍的，但這只涉及某些思想、學術的、理論的層次，而非政治上意識形態的完全對立。換言之，自從馬克思逝世（1883）至今世局的丕變，包括俄國、中國、東歐、朝鮮、越南和古巴的赤化。同時列寧革命專業化和菁英主義的倡行，改變了馬克思的群眾路線。史達林、毛澤東、金日成、胡志明、卡斯特羅集權和清洗異己，都改變了馬克思的人本關懷。當今的習近平思想更融合馬克思主義和歷代帝王以華夏爲尊的大國夢，想藉一帶一路稱霸和宰制全球。

另一方面，韋伯企圖讓德國早日躋身歐洲列強行列，成爲近世民族國家大家庭重要成員之一。在歡呼德國捲入一戰不久，便批評軍方大力推動潛艇政策，招致美國參戰，也因爲德國缺乏精明能幹的領導，以致造成德國敗戰。其後，出席割地賠款的凡爾賽和會，以及參與威瑪憲法的起草，在在顯示韋伯對

政治不只是理論上的探索，更有實踐性的參與。這點與馬氏為革命埋首苦讀和四處奔波全然不同。

今次，在舉世遭遇新冠肺炎肆虐之際，馬氏如在生必呼籲全世界的工人團結抗疫，而不僅是推翻資本主義而已。在韋伯方面，他強調國家是擁有壟斷性暴力的團體，可以藉封城、封國、強力處理瘟疫的蔓延和擴散。這些想法證明馬克思和韋伯身體雖腐敗，精神卻長存。

韋伯背後站著馬克思

附錄四
韋伯法政觀點之摘要

一、新教的倫理和資本主義的精神

　　韋伯不認為禁慾的猶太基督教成為西洋近代資本主義崛起的唯一原因，促進現代型態的資本主義的出現，是由許多因素組成的，包括基督教的倫理的實踐（教旨的改革和世俗化，強調信徒不經教會和神職人員的中介，直接與神明溝通；在世祈禱和勤儉以贏取來生的救贖）、經濟地理在各國分布之不同、政治權力的結構之特殊和制衡、中世紀科技發展在歐洲大陸與英倫三島的快慢和法律與會計制度建立之遲速等，這些是導致17世紀西歐和北美資本主義興起的推手。

　　並非整個誓反教（基督新教整體）成為他的研究焦點，而是新教中清教徒的教派：包含浸信會、虔信派、新喀爾文派、貴格宗（教友派）。這些宗派形成特殊的信仰心態，而便利追求理性的經濟活動，由此可知韋伯對大規模集會的路德宗和大英公會不感興趣。

　　談到誓反教和資本主義興起的關聯時，值得注意的是人群在此制度下職業的選擇和經營的成功，這是影響他們人生觀的主因。信徒相信資本主義的營作把賺錢和獲利視為美德；另一方面誓反教鼓吹信徒在現世的活動具有宗教的意涵，信徒主要是接受上帝的「召喚」。「召喚」的概念給現代企業家神話式乾淨的良心，讓他們通過資本主義無情地壓榨勞工而致富，也使工人除了賺取工資之外，還深信其勤勞工作是下輩子升天的正道。此外，新教都相信先天命定論（Predestination），這一命定論說明個人下輩子可否得救只有上天知道，因為祂早已決定，而不是今人在世可以得知，這種說法可以減輕信徒對貧富不均的憤怨。不過單單這種說法無法說明人群追求財富與獲利的正當性，於是新教的一支喀爾文宗提供這種教義和說詞，他們相信上帝早在今生已安排何人死後可以升天獲得救贖、何人要下地獄受苦。在這種來生命運不可知之下，信徒只好不時祈禱和勤儉度日，只是追求來生獲救的可能與否，產生了預測性的心理需要。為了保證這種猜測的準確性，喀爾文派信徒決定在現世努力工作，同時

儉約節制作爲一位成功者，用以榮耀上蒼。換句話說，他們開始珍惜獲利賺錢和物質利益的價值，而拋棄中世紀以來的經濟體系。宗教的心態一旦普遍化，這種生活方式自然融入資本主義的精神中，而有利於現代的經濟活動。

在韋伯的著作《新教倫理與資本主義精神》中，他強調其論證尙不夠完整，論述中仍有侷限。他標示無論如何，存在於新教倫理和資本主義精神之間爲「選擇性親近的關係」（Wahlverwandtschaftsverhältnis），這種關係是由職業倫理的想法加以中介連結的。韋伯說：「存在於內心世界的職業倫理和宗教的救贖之確定性形成原則性和系統性的合一。這類合一在世界各種宗教中，只有禁慾的新教才會做到。〔信徒〕理性的、小心的行爲之目標性質是上蒼賜福〔允諾得救〕的信息」（Weber: *Religiöse Gemeinschaften. Max Weber-Gesamtausgabe*, Teilband I/22–2. Mohr (Siebeck), Tübingen 2001, hier *Studienausgabe* 2005, S. 6）。他指出近現代歐洲的發展重心由天主教盛行的法國、西班牙、義大利移向新教崛起的英、荷、比等國度。在17世紀、18世紀和19世紀中，韋伯認爲構成資本主義精神之一的動機乃是人變成「職業人」（Berufsmenschtum）。這就令人想到路德把職業（Beruf）解釋爲上天的「召喚」（Berufung）一般，也就是禁慾的清教徒生活的遂行乃是現世的刻苦耐勞和勤儉節約的職業生涯，其主旨和希冀爲完成上蒼的召喚，達到來生救贖的目標。須知人生的歷練是信仰的「證實」（Bewährung）——不斷的、連貫的——「證實」，是主觀的認知，而非客觀的實在呈現的樣式，亦即主觀上保證個人的努力將得善果（報應）。因此，理性的生活指引和生活之道成爲資本主義崛起歷史不可或缺的一環。韋伯一再強調其主張有所侷限，他不認爲資本主義是宗教改革的產物，而是間接影響之物。

他不同意馬克思以唯物史觀解釋資本主義的崛起，但以唯心的宗教思想來取代唯物的想法，卻是「愚蠢而又教式的論調」（Weber, 1963, S. 83）。人們或曾指出他要對馬克思的唯物主義提出相反的唯心主義，他作出如下的反駁：「想要用唯心文化觀和史觀來理解人世間之事，其片面性何異於用唯物的觀點。這兩種〔偏頗的〕觀點都有可能當做工作的前段，而非工作的分枝〔暫時結論〕，〔無論如何〕這兩種主張無法彰顯歷史的眞理」（Weber, 1963, S. 205 *f*）。

二、合理和理性化

　　韋伯喜談合理和理性化，他曾提起合理的猶太教、合理的基督教、合理的資本主義等，他又把人的經濟活動、社會行爲和制度施行描寫爲「合理的」、「理性的」。凡是能運用知性設定目標、選定手段、從手段達成目標，就是合理的、理性的。換言之，善於思考、懂得運用邏輯推演和數學算計都屬於理性的行爲。理性的行徑不只限於個人，也推擴至集體的國家、公司商團和制度（科層制、行政、司法、官僚、會計、軍事）等。

　　在歷史的演變中，物質的力量遠大於精神的理念，但把理念連貫地組織起來仍可以產生決定性的作用，獲取救贖的宗教就是連貫的理念。一談到官僚和科層制就想到行政或司法像一部機器，而且是自動機一般，其運作遠離個人的喜怒哀樂，避開本身的利害得失，儘量往公平的大道邁進。這就是跟著普遍的、一般的規範、規則、法條、規律來辦事。固定的裁判、清楚的上下層級（統屬梯級）、書面的和規劃妥善的檔案、專門性的訓練、確定性的生涯規劃、明確的律則條文，都成爲現代政府和商業機構不可或缺的組成要素。這種抽離人性、去人化的操作程序在保證效率的提升，減少人爲的錯漏，而使公事的辦理去掉偏私而產生不偏不倚的結果。它促成可預想、可預期的規則能夠與現代西方特殊的文化相契合，這就把理性化與技術面、經濟面的「可預測性」看做等同。

　　在法律和司法方面，韋伯觸及實質的和形式的理性化。司法的審理涉及衝突或不公的處理（裁決是非對錯），這便牽連到訟案的實質問題。可是在審判過程中所牽涉的證據、訴訟程序、立案（準入）可否，便是觸及形式的問題，這兩個問題常常不是彼此相容。韋伯曾指出：「客觀性（Sachlichkeit）和專業性（Fachgemässigkeit）在一般和抽象的法規中並非必要一致。這可以在現代的司法施行裡看出。是故沒有『毫無瑕疵的法律』的存在之可言。把現代法官看做自動機，上頭餵以案件、證據、訴訟費用〔中間經過法官愼思明辨、引經據典〕，而下端產出充滿理由的判決，然後唸出引用法條〔這是理想、完美的訴訟過程〕。上述把法官當成自動機的比喻之被駁斥，其理由或許是因爲連貫性的司法科層化只有最終才可能達成目標之緣故」（*ES*, pp. 978-979）。

　　除了法律涉及形式和實質的合理性之外，經濟的和官僚的形式與實質性合

理，也自成一種體系。其主旨在創造貨物（商品）、收入（薪資）和機會（升遷、發財、享受的機會）的分配大權。這些體系之所以合理是因為其成員不屈服於上司隨意的、自私的主見，而是服從於全民的期待和公共的目的。換言之，形式合理性只考慮適應和屈服於法規而不計較後果。反之，實質的合理性則不問處理過程只談後果而已（Elster, 2000: 22-23）。

理性化的特徵包括人群日益增加的知識、SOP的規定愈來愈明確、辦事方法愈來愈非人身化（impersonsality，亦即事物的處理和個人的身分愈來愈無關），以及社會生活與物質生活蒙受愈來愈多的外來之干擾和控制。

社會符合理性的要求而形成秩序就是前述經濟、法律和政治（統治、官僚）合理的組成。其結果造成人民遵守秩序（discipline），這意味人民對政府的屈服（submission）之潛在性、可能性逐漸浮現，也顯示個性和自主的退縮，甚至消失，同時也表現了個人從社群乖離出來、異化出來。這些導致個人社會存在和社會價值零碎化，在某一意義下，也代表了去魅化。

韋伯指出社會學上的一個困局，人們一方面利用理性化來控制人群和保持社會的整合，另一方面社會結構和人的行動與互動會產生非理性、反理性，而大擴造成無法達到完全控制的效果。在社會現實的本質中存在著非理性的因素，造成非理性的結果（Whimster, 2004: 1）。

三、正當性和合法性

正當化是韋伯社會學說重要的概念之一，主要應用於政治方面的論述，有時也擴大至經濟和宗教的秩序方面。因此，假使沒有正當性做基礎，沒有任何的統治可以長期施行而不斷。在權力的行使和統治的遂行中一個關鍵詞就是正當性。韋伯界定行動、社會行動都喜用「機會」（chance，大概率），統治的行動就是機會，它是被統治者對統治行動的接受、承認、認同，「正當性自然被看做機會」（*WuG*, 23）。把政權的穩定建立在利益或暴力之上，便容易趨向不穩；反之，政權的存在基礎若是有效性且具拘束性，亦即擁有正當性，那麼統治將可長可久，不怕被推翻。韋伯說：「一般看得到的現象，任何權力追求……需要自我正當化」（ES, 939），必要時「統治者可以把正當化追求假面具丟棄」（*ES*, 214）。

正當性與公正、參與（慎思）、透明（公開）、問責（負責）、前後一致（圓融）和有效性有關聯

　　在其大著《經濟與社會》第一章和第三章中，韋伯討論正當化。他首先指出：「行動，尤其是社會行動，牽連到社會關係時，可能受到信念的指引而展開，這是對正當性秩序的存在之信念──這是由於行動受到秩序的有效性的左右之緣故」（ES, 31）。韋伯把統治（權威、宰制）分成三種類型：傳統的、魅力的和理性的。傳統的統治意謂百姓遵守古法舊制，並深信向來的做法具有神聖性，依循古法實行統治的正當性；魅力型的統治立基於執政者的天縱英明、超凡秉賦和英雄功績；法律─理性的統治的正當性在於統治者和百姓都深信統治立基於「合法性」（Legalität; legality）之上，亦即制法與執法的透明和公平，以及執政者依法處理國政（ES, 215）。韋伯指出：「就像一向的說法，執政者和平民由於法權的關係，把〔統治〕結構內化至心中，因而對它的存在加以維持，並對結構推出的執政者深信不疑。通常這維持心一旦潰退其後果很嚴重」。又說：「經驗顯示沒有任何的統治會自我設限，而降服於物質的、情緒的或理性的訴求……加之，每一統治體系建立和培養對它正當性的信念」（ES, 213）。

　　帕森思認爲韋伯分辨對正當性秩序有信心的動機和把正當性賦予某一秩序的信心動機有所不同。前者保證秩序的正當性是由於自己的利益，深怕無政府狀態的出現足以毀掉其利益；後者把正當性給予現存秩序，冀求政權的庇護。渾士特（Sam Whimster）則指出正當性不過是「被統治者對執政者統治的信心」。韋伯談正當性不涉及眞實（理）受到哈伯瑪斯的批評，他提供一個批判性的正義理論來處理歧異、複數、零碎的現代社會有關的倫理兼政治的問題。他的理論界於傳統的基礎論和懷疑的境遇論（contextualism）之間，其目的在爲倫理的生活烙印上道義之應然。近年他嘗試解決這一問題的構想，用現代法律來中介道德（Moralitat）和倫理生活（Sittlichkeit）。法律應被允許容納輿論和民意，俾便影響政治權力和給予體制正當性。在此情況下，一旦憲政國家內的經濟、行政和市場等範圍開放，以及順從法律的運作，那麼建立在社會政治秩序基礎上的民主理想，可望有實現的機會（Habermas, 1988）。蒙森（Wolfgang Mommsen）則批評韋伯對法律兼理性的統治建立在純粹的合法性之上。

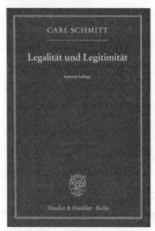

舒密特著《合法性與正當性》　　　　　　　舒密特傳記

　　反民主和反自由的理論家舒密特，在其著作《合法性與正當性》中指出威瑪憲法何以失敗，是因爲該憲法充滿矛盾，包括法律和正義沒有連結，以及正當化和合法化失去關聯。此外，當涉及憲法修正時，他質疑議事規則三分之二的同意票之決定，比過半的決議具有更大的正當性，由此可見他把民主的傷痕揭露無遺。

四、階級、階層和教階

　　談到社會上下地位的不平等，韋伯與馬克思一樣提及「階級」（Klasse）之外，還涉及「階層」（Stand）。馬克思的階級觀是活動的、實踐的、革命的；韋伯視階級為學術的、平常的、通用的詞彙，他定義階級為「生存機會」，階級非社群（ES, 927）。在《經濟與社會》第四章，他討論諸階層（Stände）和諸階級（Klassen）。此外，又在第九章討論階級、階層、政黨。在這兩處韋伯認為利益是階級的基礎，他區分「財產階級」、「商務階級」和「社會階級」，財產階級之決定性在於擁有私產，商務階級則依靠貨物和商務在市場的流通，至於社會階級則是仰賴社會移動（mobility）在社會浮沉（ES, 302-307）。在第九章中，韋伯又給階級加添一些屬性，而指出：「所謂的階級是指：1.一群人在其生存機會中擁有因果的元素；2.特別是這種元素只代表擁有貨物和收入的機會之經濟利益時；3.也代表任何商品和勞動條件下〔的成群結黨〕」（ES, 927）。

　　韋伯使用「階層」一詞是想補充階級分析社會之不足。階層或稱階層情況（ständische Lage）是社會特權正面或負面的訴求（ES, 305）。另一個場合下，他說階層指「社會榮譽擁有或不擁有的性質──這可從特殊的生活型態表現出來」（RL, 39），階層可從其成員獲得或不獲得社會其他成員的敬重和榮譽表現出來。這是從消費面來觀察的對象，是一群型態不固定的群體，他們的精神是反市場的鬥爭和喊價。反之，從生產面來觀察，其對象為階級。

　　有無財產在短期內不會影響一個人在階層的地位，但長期則會發生作用。階層中的群體常關起門來，排斥外人，自創壟斷性的文化，這是職業群體和傳襲的群體（富二代、官二代、宗教的繼承人）。達連朵夫認為把德文Stand譯為英文status group，而不僅是status，是因為這個德文字不但含有現代社會地位（status）的意思，還包含中世紀等級〔分割〕（英文Estate）的意涵。

　　至於印度的教階（種姓制度、喀斯特，caste; Kaste）是一種社會階層制度，教階或種姓制度建立在同族結婚的基礎上。其特點是通過內婚制、繼承的方式傳承某一特定階層的生活方式（通常包括職業、階級、溝通交流習慣、禁忌等）。教階制度的中心觀念為共食規矩和規則，藉此決定成員的社會地位。韋伯在論興都教佛教時加以討論，他說：「教階是興都教主要的制度──沒有

教階就沒有興都」（*RI*, 29），又說「教階——是一個閉門的群體」（*ES*, 933-935），興都教的精神和教階制度阻止印度發展資本主義。韋伯除了強調興都族為教階制的典範之外，也認為此種制度擴延到信仰穆罕默德教徒，甚至佛教徒身上。這裡顯示韋伯對教階或種姓制度不連貫的說法，不過當代人類學家和社會家同意喀斯特是興都教和南印度文化的特徵。

「瓦爾納」制度早在公元前1000年就已經出現在印度教的若干文獻中，將社會構想為由四個階層組建出的結構：婆羅門（Brahmanas，教師、學者、祭司）、刹帝利（Satrias，戰士、貴族）、吠舍（Wesias，農民、商人、手藝人）以及首陀羅（Sudras，勞務者），最下層為不可碰觸的賤民（Dalites）。

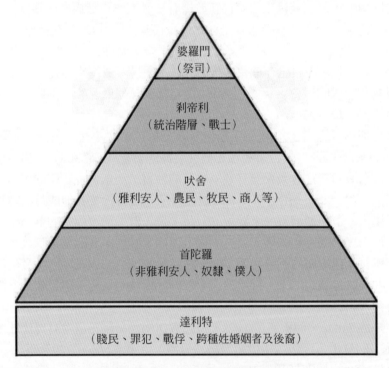

南亞（包括印尼）的教階（種姓）制度

附錄五
人民參與和政府控制：從黑格爾至韋伯的理念

一、前言

近兩百五十年以來西方尖端思想家，像黑格爾、托克維爾、約翰‧穆勒、馬克思和韋伯這些歐洲中心主義的哲學家、政治學者和社會學家無不竭力來宣傳歐洲文明所以領先和超越世界其餘各洲和各地之處，在於歐美人早已產生自覺和意識而展開對大自然的探索和海外的開拓。

對黑格爾來說，具有理性的人類從自身的認知，發展了主觀精神。隨後把個人與家庭的主觀精神推擴到鄉里、城市而形成社會，再把這個經營生產和流通，滿足物資需求的社會之客觀精神加以推展。最終抵達滿足人類倫理需要的場域之國家，這就攀爬到絕對精神的高峰（洪鎌德，2016）。

托克維爾討論歐洲人所開發的北美新大陸，終於建立人群真正平等的和個人相對自由的社會，亦即締造一個嶄新的民主國家。但法蘭西大革命帶來的極端民主而陷入白色恐怖卻令他失望。托克維爾與黑格爾和馬克思一樣，均重視市民（民間）社會的運作。他所謂的民間社會在法國為咖啡店、文人評論時局的集會所、學校、報章雜誌等非官方的輿論場域，但在美國卻是地方人士自願組織的休閒、運動，娛樂、學習團體，如俱樂部、協會、學會等非官方的組織。美國中央政府的分權（行政、立法、司法各隸屬不同機關營運）、聯邦和各邦分權而治，加上司法方面採用陪審制，都使美國的民主得以落實，每個人的平等獲得確保。美國的文化來自歐洲，但青出於藍而勝於藍，足以說明西方制度的優越。

約翰‧穆勒認為歐洲文明受惠於「選擇的多樣性」，遂主張世界的多樣性和歧異性（差別性）應該是人類追求的目標。認為只有保證個人獲得自由的疆界內讓個人追求其福祉，多樣性和歧異性才會帶來福利，他鼓吹在異議辯論中發掘真理，也宣揚個人自由、尊重別人自由、宗教容忍，以及社會公平。他不但是英國的自由主義者，也是少數倡導社會主義之人。

馬克思雖然攻擊資本主義，呼籲無產階級來推翻資本主義，卻讚揚資本主

義的生產力是歷史上最發達、最強大的改變世局之力量。生產力包括知識、科技、勞動、管理手段、經營方式，以及資本、土地、機器、廠房等。資本主義和發達的生產力都出現在歐洲，這是歐洲遠勝過其他各洲的原因。

 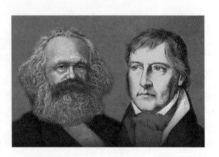

二、黑格爾和韋伯都關注社會的變遷

　　黑格爾和韋伯都討論全社會的變遷（Societal Change），認爲這一變遷影響到人民的參與（participation）和政府的控制（control）。該問題也成爲當今政治和行政學界爭論不休的論題。涉及到全社會的變遷，下面幾個名詞便浮出檯面：例如分歧化、個人化、零碎化和橫向擴展（horizontalization，這是靠同儕的相互督促而增強上司對下屬的監督）。

　　參與和控制兩個概念來自黑格爾、托克維爾和馬克思，但我們在本文卻把焦點放在黑格爾和韋伯兩人身上，因爲他們兩人對參與和控制有分開和合併的論述，對當今世局的分析，具有一定的幫助（Tholen, 2006; Welty, 1976）。

三、黑格爾論現代化下個人的
原子化和社會的零碎化

　　黑格爾診斷現代化的特徵爲其所處時代社會的雞零狗碎化，因爲生活在那個社會的諸個人都是缺乏團結一致的烏合之眾。由此引申其意涵爲社會成員缺

乏共同目標，個人只關心私益不理公務，因此無法形成普遍（總）意志。黑格爾的分析起點為德國18世紀末19世紀初的政局，他擔憂分裂的日耳曼各邦尚未建成如英、法、西、葡等鄰邦統一的民族國家。社會和個人都陷入原子化、零碎化，缺乏共同性、共同的意志、公民德性（civic virtue）。這些構成當時的現代性之特徵。

19世紀日耳曼只是文化和地理名詞，而非國家或帝國的稱謂（儘管有一個虛銜：「神聖羅馬帝國日耳曼邦聯」，號稱「第一帝國」），尚未統一成為國家的日耳曼各邦都割地稱雄，追逐各邦的特殊利益。這些王國、公國、共和國、自由城市無法合作處理事務（res publica），只能爭論私人事務（res privata）（Hegel, 1964: 143, 150/1）。黑氏對德國現況的診斷是在瞭解日耳曼現代化的進程。社會的現代化在於住民變成市民、國民（Bürger）之上，此字就是法文布爾喬亞（bourgeois），擁有私產在社會上有自我意識的人。

黑格爾認為他所處的時代為經濟關係綁住諸個人的時代，以致重返古希臘城邦重視道德和倫常的關係完全不可能，也不可能重返中古世紀羅馬帝國帝王一人獨裁、萬民景服的時代。中古時代帝國種族繁多、語言歧異，但靠行政命令的頒布，可使帝國上下團結一致、萬眾同心。現代國家必須與多樣文化和宗教共存，要對付當今零碎分離的情勢就要藉公與私如何媒介（mediation）之協調。黑格爾認為如何解決此一問題，也屬於處理現代化大議題的一小部分。

黑格爾對零碎化的日耳曼民族不肯談公眾事務，只理會私事，完全基於個人自我利益的考慮，這般自我利益的追逐使日耳曼衰弱無能，而無法被視為一個國家（Hegel, 1964: 143）。日耳曼社會的現代化在於市民（公民）的形成。原因是現代人際關係是建立在經濟關係之上，就是個人要與別人交易、買賣、叫價喊價和磋商。做生意的環境不管出身地位，全靠手腕才能。由於社會變遷，貴族和平民的差別日漸消失。民間社會立基於平等基礎上，每人只顧私利，依循自己想法喜惡而行事，加上個人利益追求導致社會的分歧和多樣化。既然現代社會顯現多樣和分歧，每個人都視別人為踏腳石，則其人際關係工具化，而沒有共同奮鬥的目標，於是陷入原子化的危險中（Hegel, 1964: 268）。這種危險有幾個意涵：其一，社會成員缺乏共同目標，個人只關心私益不理公務，因此無法形成普遍（總）意志，民間社會既立基於零碎化之上，遂無法成為凝聚全民意志的國家之基礎；其二，要實現真正的自由，只靠市民社會的你爭我奪、追求物質利益是無濟於事。要實現個人的自由就要克服原子化式的和殊別的個人主義，因此化解民間社會的零碎性大有必要。其方式為社會的參

與，這種參與公眾事務的決策和執行意謂是一種手段，也是促成目標實現的工具，這等於把手段和目標統合在一起。

在其《法權哲學》裡，黑格爾指出現代社會中公與私、普遍與特殊兩種要素混合纏繞在一起。該書第三部分的題目為「倫理生活」（Sittlichkeit）在指出個人和群體的發展經歷三個階段，依據親疏近遠而次第展開。個人先在家庭成長，而後投入社會，最終要生活在國家的範圍中。每一階段都顯示個體融入其社群當中，也經歷不同階段的發展超越自己，例如從家庭的成員，變成社會的市民，最終化做國家的國（公）民。

黑格爾位於司圖嘉特的老家成為紀念博物館

四、黑格爾論自願組織的社團和 他對國家分權的看法

在家庭中維繫成員認同自己身為家族的一份子是靠彼此相愛和關懷，在民間社會中其成員的市民靠相互交換而滿足彼此的需要。大家形成一個體系，這些成員互相依靠（依附），每個人在共同活動中，帶有經濟的色彩，但這並不意謂諸個別人是諸原子的累積。市民社會普遍的、一般的面向則為自願性團體的組織，這是指公司行號、財團法人等的機構，包括工會、商會、學會等共同利益的機關。參加這種法人組織使個人懂得與別人合作、商談和負起別人和團體的責任。在參與這類團體的活動時，個人將由個別的、特殊的取向，轉

化成更爲普遍的取向及活動。這時個別人會發展團體意識，這就是社會凝聚（solidarity）之始（Hegel, 1967: 2-187, 250-256）。

民間社會所能夠發揮其功能乃是其上有一個發號施令的機關，黑格爾稱它爲「管制」（Polizei，此詞今日德文字義相當於警察）。警察是公權力的衙門，負責指揮、監督、治安、衛生、健康、財政、維持市場秩序等公安職務。其帶有強制力和裁處權力則有異於前述法人社團。除了家和社會之外的第三層社會結構單位就是國家，這也是最高媒介的組識。國家爲百姓追求精神上和倫理生活的場所。因爲在市民社會中，人群知道其職務，但要實踐這些職務只有在客觀精神最發達和最完整之處的國家才有可能。是故黑氏說：「個人最高的義務是成爲國家的一份子」、「只有透過國家才享有實質的自由」、「在國家中個人有其客觀性、眞理和倫理生活」（Hegel, 1967, par. 258）。國家擁有三個機關，在塔尖上爲君主，他是一國之主，是國家的元首，也是國家個體性的表述，他可以節制和調理其下行政和立法權力的爭執。不像孟德斯鳩三權（立法、行政、司法）的對立和相互制衡，黑格爾把司法劃歸行政當中，因此國家的三權爲君權、立法權和行政權。

在國家範圍裡立法由國會擔負，國會是由選民選舉出的議員組成，雖然代表部分的民意和利益，但負有教育選民的責任，向選民啓示和教誨普遍和一般利益。公共輿論不能取代國家的立法機構。國家的另外兩個制度爲君主和行政，君主代表國家，也是國家統一的象徵，也是國家個體性之表現；行政則爲策劃國家大政方針、結合內政和外交、率領百官（官僚）制定和執行政策的機構。

中介體系重要的部分爲媒介特殊性（個人的分歧性）和普遍性（共同性、社群），促成諸個人參與社團和關心公務。參與公務不限於介入選舉而已，除國會代表民意之外，黑格爾還贊成利益群體和社團有其發聲的機會。他不只鼓勵利益群體踴躍發聲，把其特殊利益融入社會和國家的一般利益中，他還認爲輿論可以把社會多元性聚合在一起，他指出：「輿論包含各種虛假與眞實，但偉大的人物（政治家）會在眞僞中找出眞實」（Hegel, 1967: 317, 318）。

五、韋伯論述政治參與和控制

　　韋伯論述民主的社會如何控制政府的官僚制度，並檢驗這種控制所引發的意涵。韋伯主張民主參與有助於社會整體的發展。在其*Political Writings*中韋伯論述群眾的政治參與，他特別強調官僚制顯示參與和控制的緊密關係。首先，在理解官僚制對民主的益處，因為它促進社會的現代性。然後設法瞭解這種關係的弊端和韋伯補救之方。這裡就涉及理性化和控制之需要，韋伯指出官僚組織為「當今大眾管理必不可少的機制」（Weber, 1990: 128）。西方群眾民主中，只有少數自治團體才無需官僚組織（Weber, 1991: 224）。唯有官僚才能產生高水準的專家和效率來滿足其需要。在其理想類型中，他為官僚組織列出一些原則：包括僱用要靠官員的成就、履歷的完備、上下等級梯狀的或其他特質。這些原則把理性帶入官僚制度中，也就是帶入政府當中。合理性可謂給予實在、現實以理論上和實踐上控制的安排。這種控制或安排可能出於某些人的意圖，也可能出於系統的必要。理性化在達成知識的增加和人對環境控制的加強。人的活動變得更為有效果和更為有效率，以致其努力可以準確地預期。

　　在經濟的領域轉為資本主義的方式，把生產過程劃分清楚，也把財產關係加以釐清。理性還把科學、科技、教育、藝術、音樂、法律和政府導入合理狀態中。官僚（科層）制挾其優勢的科技比起任何其他的組織型態更具創造效力。「完全發揮的官僚機制和其他組織相比，就像機械生產和非機械的生產〔占有絕大優勢〕：精確、速度、清晰不含糊、卷宗明確分列、頭尾連貫、統一、謹慎、嚴格遵守、避免磨擦和減少浪費。這些優點都在官僚組織中呈現」（Weber, 1991: 214）。

　　現代民主社會需要科層組織和官僚制度，但「民主」反對少數官員的作威作福，因為大眾決定公共政策之權力被少數官員剝奪之故。官僚的統治促成韋伯做了三層深入的思考和論述：其一，他首先想到官僚制涉及知識專業，這是官員特具的優勢，常加隱瞞而不公開，「每一官僚制都在增強此一優勢」（Weber, 1991: 233）；其二，官僚制威脅人群所追求的自由。但這是由於理性化常非人們存心要發展的事物，其出現有時令人失望乃至挫折絕望。就像科學限縮神祕的空間，理性化也減少或顛覆人們歸屬的感受。科層化的路程走向日常化、慣習化、庸俗化、組織化，亦即壓制個人的自由。在政府方面會造成

官僚機關的「鐵籠」，這是現代化的左支右絀。原來現代化代表理性化達到高潮，理性化固然有助於人群對付其環境，但卻也抑制其自由。韋伯對現代化曖昧的態度，反映在官僚化之上。一方面官僚化為現代大眾社會必不可少的機制，另一方面這種制度無異「鐵籠」或奴隸的牢房；其三，這一問題也是牽連到當年德國的政治文化和日耳曼的政府結構。當其涉及制定政策之時，官僚組織對議會並不是正面的、建設性的，是故官僚和國會常站在敵對的立場，這也是他何以主張魅力領袖來對付官僚跋扈和囂張的原因。梯狀上下不等的組織方式和組織的忠誠是官僚制一枝獨秀的原因。對付官僚的跋扈只有靠魅力領袖的崛起，才會使公投與複決式的民主（plebiscitary democracy）得以施行發揮。

與強力的魅力領袖對抗、相互制衡的是國會，國會不只是大聲談話，更要篤實工作，「它要合作性地進行控制」（mitarbeitend controlliert）。國會要防阻擴權或失權就要不斷學習和自我教育，也就是尋求資訊以控制強力的政府領袖。有效的議會控制可使政府上下透明公開，也使能幹的政治家得以發展（Weber, 1988: 341, 350-355, 361, 364）。強力魅力領袖一方面足以抑制官僚的囂張，他方面堅強的國會和負責的政黨也會產生能幹的國家領導人，並使領導人也知拿捏分寸，不敢胡作亂為，而受到合理的控制（Weber, 1988: 403）。

六、結論

對韋伯而言，理想的參與和控制之結合能夠合作推行控制的代議制國會。直接民主固然顯示全民的參與，但在今日人口膨脹的世界各個國家中，由於幅員廣大難以辦到，因此代議性的民主在有效控制政府方面是比較可行的制度。但由於人民的代表缺乏行政知識和資訊，以致代議控制常與專家控制無法相提並論。再說普遍利益如何界定總是人云亦云、眾說紛紜，難以定奪。在這方面黑格爾對市民參與的主張，特別是公共輿論重視，在很多方面已預測到當代政治學家和公共行政學者新的參與安排，是故可以補充韋伯的不足。

Max Weber

另一本韋伯傳記

韋伯年表

1864	4月21日，韋伯誕生於德國中部埃福特城，其父為該城市長
1866	得腦膜炎，醫好
1871	俾斯麥統一德國諸邦，建立第二帝國
1870-1872	進入柏林多布林私立小學
1872	進入柏林夏洛田堡女王奧古士妲文科中學
1882	在海德堡大學學習法律、經濟、歷史、哲學和神學
1883	前往史特拉斯堡服一年的兵役，同時就讀史城大學，受姨丈鮑姆加田指導偏向自由主義和國族主義
1884	轉學柏林大學，與Levin Goldschmidt和August Meitzen習國家學說
1886	考律師執照，返父母豪宅並著手撰寫國家法與古代史
1888	成為Goldschmidt指導之博士生，皇家法院實習生，並完成第三年兵役，參加「社會政策協會」為會員
1889	以優等成績完成博士論文口試。論文題目為〈義大利城市公共商社和私人商戶聯合債務和分開基金的原則之發展〉
1890	俾斯麥功高震主被拔掉官職
1891	在Aungust Meitzen指導下完成教授資格考（Habiitation），其論文為〈古羅馬農業及其對國家法和民法的重要性〉
1891-1892	調查和完成〈德國東易北地區農業工作者之條件〉
1892	柏林大學聘為商法和日耳曼法副教授，未應聘
1893	佛萊堡大學聘任政治經濟學教授。與其父外孫女施尼特格爾女士結婚；國會授權再度調查易北河以東地區農業工作者之條件；參加全德聯合會
1894	移居佛萊堡準備任教授職
1985	發表就職演說：「民族國家與經濟政策」
1896	接受海德堡大學經濟學講座
1897-1903	其父猝死導致韋伯精神崩潰，一病五、六年，靠旅行休養逐漸療癒心病
1902	恢復讀歷史、哲學和社會學作品，又在歷史、憲法、經濟中涉及「理性化」話題找出相互關聯性
1903	向海德堡大學提出辭呈，改任不支薪名譽教授

1904	夫婦旅行至美國聖路易，參與在世界博覽會所舉行的國際學會。8月至12月在哥倫比亞大學圖書館蒐集有關新教倫理和資本主義精神相關的資料。與亞飛和宋巴特合編《社會科學與社會政策文庫》。在文庫上發表社會科學方法論，包括價值中立、瞭悟、理想類型等概念
1905	俄國爆發革命
1905-1906	《文庫》發表《新教倫理與資本主義精神》，引起學界矚目
1906	發表〈俄國憲政民主的狀況〉
1907-1908	旅遊義、法、荷；對西歐各國工業發展興趣濃厚；出版《古代文明的社會學》；繼續為熊伯格（Arnold Schönberg）所編的《政經手冊》撰寫各條目，其負責的部分為「社會經濟綱要」，其所撰寫的文稿，後來變成其所編的《經濟與社會》
1908	參加國家自由黨大會
1909	成為「德國社會學會」創會會員，自稱社會學家，在學會其後假維也納召開的大會上，批評史沫勒用官僚來支援勞工的說法，再度陷身精神沮喪中
1910	在社會學大會上攻擊種族主義者的意識形態
1911	發表一連串宗教社會學，包括中國、日本、印度的信仰制度，也觸及猶太教和伊斯蘭教；撰寫《經濟與社會》第二部分
1912	在柏林召開的社會學大會上批評「國族」概念；因價值中立所引起的爭議退出德國社會學會
1913	為《經濟與社會》增添概念詮釋。在義大利渡假時與自然的產兒（無依無靠的孤兒們）、素食主義者、現代新教派信徒共同體驗逍遙自足的生活，這軟化了他嚴酷自制學者的性格
1914	歐戰（世界第一次大戰）爆發
1914-1915	以退伍軍官身分管理十餘所退伍軍人醫院
1915	發表《世界性宗教的經濟倫理》；提出反對德比（比利時）和德奧合併政策
1916	以法蘭克福通報通訊員的身分從海德堡旅抵柏林和維也納並撰寫時事評論。出版《中國的宗教：儒教與道教》，另外，又出版《印度的宗教：興都教和佛教的社會學》
1917	出版《古代猶太教》；演說〈以科學為志業〉；在報上發表德國聯邦憲法，以及俄國革命有關文章
1918	接受維也納大學聘任政治經濟學講座教授；加入德國民主黨，支持德國君主立憲制；演說「正面評論唯物史觀」

1919	演說「以政治爲志業」，被提名國會議員，因民主黨黨員未大力支持，遂未進入國會；曾被考慮過擔任內政部長，卻無結果；曾參與內政部憲法修改工作；被派任爲德國和會代表與協約國討論德國戰敗罪責。轉往慕尼黑，應聘大學經濟學講座教授。當年其母逝世
1920	6月14日，因肺病逝世於慕尼黑，享年56歲

《新教倫理與資本主義精神》中譯本封面

理解社會行動是社會學的起步

參考文獻

韋伯夫婦著作（德文與英譯）

Weber, Mariane

2009　　*Max Weber: A Biography*, (trans.) Harry Zohn, New Brunswick, NJ: Transaction Publishers.

Weber, Max

1930　　*The Protestant Ethic and the Spirit of Capitalism*（簡稱*PE*）, (trans.) Talcott Parsons, London: G. Allen & Unwin.

1946　　*From Max Weber*（簡稱*GM*）(ed. and trans.) Hans Gerth and C. Wright Mills,. New York: Free Press.

1947　　*The Theory of Social and Economic Organization*, (trans.) Talcott Parsons, London: W. Hodge.

1958a　*The City*, (trans.) Don Martindale and Gertrud Neuwirth, Glencoe, IL: The Free Press.

1958b　*The Religion of India. The Sociology of Hinduism and Budhism*（簡稱RI）, (trans.) Gerth.Hans and Don Martindale, New York: The Free Press.

1958c　*The Rational and Social Foundations of Music*, (ed. and trans.) Don Martindale *et. al.*, Carbondale: Southern Illinois University Press.

1963　　*Gesammelte Aufsätze zur Religionssoziologie* I. Tübingen: Mohr (Siebeck), 5. Auflage.

1968　　*Economy and Society: An Outline of Interpretive Sociology*（簡稱*ES*）vols. Ephraim Fischoff *et. al.* (trans.) Gunther Roth and Claus Wittich, New York: Bedminster Press.

1971　　*Gesammelte politische Schriften*（簡稱*GPS*）, (hrsg.) Johannes Winckelmann, Tübingen: J.C.B.Mohr (Paul Siebeck).

1976　　*Wirtschaft und Gesellschaft*（簡稱*WuG*）, (hrsg.) Johannes Winckelmann, zwei Bände, Köln u. Berlin: Kiepenheuer & Witsch.

1988　　"Parlament und Regierung im neugeordneten Deutschland," in:

Gesammelten Politischen Schriften, Tübingen: J.C.B. Mohr (Paul Siebeck).

1991   Selected Writings in H.H.Gerth and C.Wright Mills (eds.), *From Max Weber: Essays in Sociology*（簡稱GM）, London: Routledge, [1946].

1992   *Gesammelte Schrifte*（簡稱*GS*）, (hrsg.) Rainer Lepsius und Wolfgand J. Mommsen, Tübingen: J.C.B.Mohr (Paul Siebeck).

1994   *Political Writings*（簡稱*PW*）, (eds.) Peter Lassman and Ronald Speirs Cambridge: Cambridge University Press, 2004.

2004   "Politics and the State," In: *The Essential Weber: A Reader*, (ed.) Whimster, Sam, London and New York: Routledge, pp. 38-39.

2018   *Die Protestantische Ethik und der Geist des Kapitalismus*, Hamburg: Nikol-Verlag.

有關韋伯之著作（以德文和英文為主）

Albrow, Martin

1991   "Legal Positivism and Bourgeois Materialism,: Max Weber's View of the Sociology of Law." In: (ed.) Peter Hamilton, *op.cit.*, pp. 326-343.

Anter, Andreas

2014   *Max Weber's Theory of the Modern State: Origins, Structure and Significance*, (trans.) Keith Tribe London and New York: Palgrave.

Anter, Andreas und Stefan Breuer (Hrsg.)

2007   *Max Webers Staatssoziologie*, Baden Baden: Nomos – Verlag.

Aron, Raymond

1970   "Max Weber." vol. 2, *Main Currents in Sociological Thought: Durkheim, Pareto, Webe*, (trans.) Richard Howard and Helen Weaver, Garden City, NY: Anchor Books. pp. 219-317.

Axtmann, Roland

1998   "State Formation and Disciplined Individual in Weber's Historical Sociology," in: (ed.) Ralph Schroeder, *Max Weber, Democracy and Modernization*, New York: St. Martin's Press, pp. 32-46.

Baehr, Peter

1988　　　"Max Weber as a Critic of Bismarck." *Archives européennes de sociologie/European Journal of Sociology*, No. 29, pp. 149-164.

Bates, Roberts, Avner Greif and Smita Singh

2002　　　"Organizing Violence," *The Journal of Conflict Resolution*, 46(5): 599-628.

Baumgarten, Eduard

1964　　　*Max Weber: Werk und Person*, Tubingen: J. C. B. Mohr (Paul Siebeck).

Beetham, David

1974　　　M*ax Weber and the Theory of Modern Politics*, London: Allen and Unwin.

Beirne, Piers

1981　　　"Ideology and Rationality in Max Weber's Sociology of Law," in (eds.) P. Beirne and Richard R. Quiney, *Marxism and Law*, London *et. al.*: John Wiley & Sons.

Beirne, Piers and Richard Quiney (eds.)

1981　　　Marxism and Law, New York *et. al.*, John Wiley & Sons.

Bendix, Richard

1960　　　*Weber: An Intellectual Portrait*, Berkeley: University of California Press.

1972　　　"Discussion on Industrialization and Capitalism," in (ed.) Otto Stammer, *Max Weber and Sociology Today*, New York: Harper and Row.

Birnbaum, Norman

1953　　　"Conflicting Interpretations of the Rise of Capitalism, Marx and Weber," *British Journal of Sociology*, 4: 125-141.

1991　　　"Conflicting Interpretations of the Rise of Capitalism: Marx and Weber," in (ed.) Peter Hamilton, *Max Weber(1): Critical Assessment*, London and New York: Routledge, pp. 4-20.

Breuer Stefan

1988　　　"Max Webers Herrschaftssoziologie," *Zeitschrift für Soziologie*, Stuttgart:

Enke Verlag, 17(5): 315-327.

1993　　　"Max Webers Staatssoziologie," *Kõlner Zeitschrift für Soziologie und Sozialpsychologie*, 45: 199-219.

1999　　　*Georg Jellinek und Max Weber. Von der Sozialen zur Soziologischen Staatslehre*, Baden-Baden: Nomos.

Breuer Stefan (hrsg.)

2007　　　*Max Webers Staatssoziologie*（簡稱SS）, Baden Baden: Nomos.

Brubaker, Rogers

1982　　　*The Limits of Rationality: An Essay on the Social and Moral Thought of Max Weber*, London: George Allen & Unwin.

Brun, Hans Henrik

2007　　　*Science, Values and Politics in Max Weber's Methodology*, New expanded edition, Aldershot, UK: Ashgate.

Dahrendorf, Ralf

1987　　　"Max Weber and Modern Social Science," (eds.) Wolfgang J. Mommsen and J. Osterhammel, *Max Weber and his Contemporaries*, New York: Routledge, pp. 574-580.

1992　　　"Nachwort in Politik als Beruf by Max Weber," Stuttgart: Reclam.

Dusza. Karl

1989　　　"Max Weber's Conception of the State," *The Journal of Politics, Culture, and Society*, 3(1): 71-105.

Eliaeson, Sven

2000　　　"Constitutional Caesarism: Weber's Politics in Their German Context," in: Stephen Turner (ed.) *The Cambridge Companion to Weber*, Cambridge: Cambridge University Press, pp. 131-150.

Elster, Jon

2000　　　"Rationality, Economy and Socirty," In: Turner, Stephen (ed.) *The Cambridge Companion to Weber*, Cambridge: Cambridge University Press, pp. 21-41.

Evans, Peter B., Dietrich Rueschemeyer, and Theda Skocpol, (eds.)

1985 *Bringing the State Back In*, Cambridge: Cambridge University Press.

Ewing, Sally

1987 "Formal Justice and the Spirit of Capitalism: Max Weber's Sociology of Law," *Law and Society Review*, 21(3): 487-512.

Elster, Jon

2000 "Rationality, Economy and Socirty," in: Turner, Stephen (ed.), *The Cambridge Companion to Weber*, Cambridge: Cambridge University Press, 2000: 21-41.

Feher, Ference

1987 "Weber and the Rationalization of Music," *International Journal Politics, Culture and Society*, (Winter, 1987), pp. 147-162.

Freund, Julien

1969 *The Sociology of Max Weber*, (trans.) Mary llford, New York: Vintage Books.

Giddens, Anthony

1970 "Marx, Weber and the Development of Capitalism," *Sociology*, 4: 289-310.

1991 "Marx, Weber and the Development of Capitalism," in Peter Hamilton (ed.) *Max Weber(1): Critical Assesments*, pp. 21-41.

Gouldner, Alvin

1955 "Metaphysical Pathos and the Theory of Bureaucracy," *American Political Science Review*, 49: 486-506.

Grafstein, Robert

2013 "The Failure of Weber's Conception of Legitimacy: Its Causes and Implications," *British Journal of Political Science*, 43: 456-472.

Gunnell, John G

2013 "Reconstruction of Political Theory: David Easton, Behavioralism, and the Long Road to System," *Journal of the History of the Behavioral*

Sciences, 49(3): 190-210.

Habermas, Jürgen

1988　"Moralität und Sittlichkeit: Treffen Hegels Einwände gegen Kant auch auf die Diskursethik zu? *Revue Internationale de Philosophie*, Vol. 42, No. 166 (3), *Kant: la Critique de la Raison pratique*, pp. 320-340.

1990　*The Philosophical Discourse of Modernity*, Cambridge: Polity.

Hamilton, Peter (ed.)

1991　*Max Weber: Critical Assessments I*, London and New York: Routledge.

Hanke Edith and W. J. Mommsen

2001　*Politische Aspekte der Herrschaftssoziologie Max Webers*, Tübingen: Mohr Siebeck.

Hartmann, Jürgen und Bernd Meyer

2005　*Einführung in die politischen Theorien der Gegenwart*, Wiesbaden: VS Verlag.

Hegel, G.W. F.

1964　*Political Writings*, (trans). T. M. Knox, Oxford: Clarenton.

1967　*Philosophy of Right*, (trans). T. M. Knox, Oxford: Oxford University Press.

Hennis, Wilhelm

1987　*Max Webers Fragestellung: Studien zur Biographie des Werks*, Tübingen: Mohr Siebeck.

Hübinger, Gangolf

2009　"Max Weber's 'Sociology of the State' and the science of Politics in Germany," *Max Weber Studies*, 9(1): 2-22.

Jellinek, Georg

1914(1900)　*Allgemeine Staatslehre*, 3. Aufl, Berlin: Verlag von O. Haring.

Käder, Dirk

1988　*Max Weber: an Introduction to His Life and Work*, (trans.) Philippina Hund, Cambridge: Polity Press.

Kaube, Joachim

2020　*Max Weber: Ein Leben zwischen den Epochen*, Berlin: Rowohlt Verlag, 5. Aufl.

Kenneth, Allan D.

2010　*Exploration in Classical Sociological Theory. Seeing the Societal World*, Newnury Park, CA: Pine Forge Press.

Koellreutter, Otto

1934/25　"Die staatspolitischen Anschauungen Max Webers und Oswald Spenglers," *Zeitschrift für Politik*, Nr. 14, pp. 494 *ff.*

Kronman, Anthony

1981　*Max Weber*, London: Edward Arnold.

Lassman, Peter

2000　"The Rule of Man over Man: Power. Politics and Legitimation," in Stephen Turner (ed.) *The Cambridge Companion to Weber, op. cit.*, pp. 83-98.

Lassman, Peter and Ronald Speirs (eds.)

2010 (1994)　*Weber: Political Writings,* Cambridge: Cambridge University Press.

Loewenstein, Karl

1964　Max Webers Beitrag zur Staatslehre in der Sicht Unserer Zeit," in *Max Weber. Gedächtnisschift der Ludwig-Maximilians-Universität München zur 100. Wiederkehr seines Geburtstages*, München: Universitat Verlag.

Love, John

2000　"Max Weber's Orient," in Stephen Turner (ed.) *The Cambridge Companion to Weber*, Cambridge: Cambridge University Press, pp. 172-199.

Mommsen, J. Wolfgang

1974　*Max Webr und die deutsche Politik 1890-1920*, Tübingen: J.C.B.Mohr (Paul Siebeck).

1989　*The Political and Social Theory of Max Weber: Collected Essays,*

Cambridge: Polity.

1990　　*Max Weber and the German Politics, 1880-1920*, Chicago: University of Chicago University Press.

Mommsen, J. W. and J. Osterhammel (eds.)

1987　　*Max Weber and his Contemporaries*, London and New York: Routledge.

Müller, Hans-Peter

2007　　*Max Weber*, Köln, Weimar, Wien: Böhlau Verlag.

Oppenheimer, Franz

1999　　*Gesammelte Schriften.Bd. I: Politische Schriften*, Berlin: Akademie-Verlag.

Radkau, Joachim

1979　　*Max Weber's Vision of History, Ethics and Methods*, Berkeley: University of California Press.

2015　　*Max Weber: A Biography*, (trans.) Patrick Camiller, Cambridge: Polity. Roth, Guenther, and Wolfgang Schluchter.

Schroeder, Ralph (ed.)

1998　　*Max Weber, Democracy and Modernization*, New York: St Martin's.

Sica, Alan

2000　　"Rationalization and Culture." In S. Turner, *ibid*., pp. 42-116.

Swedberg, Richard and Ola Agevall

2016(2005)　*The Weber Dictionary*, Stanford, California: Stanford University Press.

Tenbruck, Friedrich H.

1980　　"The Problem of the Thematic Unity in the Work of Max Weber," *British Journal of Sociology*, (Sept. 1980), 31(3): 316-351.

Theiner, Peter

1987　　"Friedrich Naumann and Max Weber: Aspects of Political Partnership." In: Mommsen,W. J. and J. Osterhammel, *op. cit.*, pp. 299-310.

Tönnies, Ferdinand

1925　　*Soziologische Studien und Kritiken. Erste Sammlung*, Jena: Gustav Fischer.

2010　　*Gemeinschaft und Gesellschaft. Grundbegriffe der reinen Soziologie*, Darmstadt: Wissenschaftliche Buchgemeinschaft.

Tohlen, Barry

2006　　"Enhancing Participatio: Furthering Accountability? The Relevance of Weber and Hegel for Contemporary Debates on Governance," Paper prepred for ECPR, Joint Sessions, Nicosia.

Trubek, David M.

1886　　"Max Weber's Tragic Modernism and the Study of Law in Society," *Law and Society Review*, 20: 575-622.

1991　　"Max Weber on Law and the Rise of Capitalism," in Peter Hamilton (ed.) *op. cit.*, pp. 126-155.

Turner, Bryan S.

1996　　*For Weber: Essays in the Sociology of Law*, London *et. al.*, Sage Foundation.

Turner, Stephen P. and Regis Factor

1994　　*Max Weber: The Lawyer as Social Thinker*, London and New York: Routledge.

Turner, Stephen (ed.)

2000　　*The Cambridge Companion to Weber*, Cambridge: Cambridge University Press.

Ulman, G. L

1985　　"The Sociogy of the State: Carl Schmitt and Max Weber," in: *Culture and Society*, 1(2): 3-57.

Von Jehring, Rudolf

1911　　*Die Fränkische Reichs- und Gerichtsverfassung.* München und Leipzig: Duncker & Humblot Verlag, 2 Aufl.

Waters, Tony, Dagmar Waters (eds.)

2015　　*Weber's Rationalism and Modern Society: Politics, Bureaucracy, and Social Stratification*, New York: Palgrave.

Walton, Paul

1991(1976) "Max Weber's Sociology of Law: a Critique," in (ed.) Peter Hamilton, *op. cit.*, pp. 287-299.

Weiss, Johannis

1975　　*Max Webers Grundlegung der Soziologie*, Munchen: Verlag Dokumentation.

Welty, Gordon A

1976　　"Hegel and Weber: From Transcendence to Rationalization," presented to CHEIRON: International Society for the History of the Social Sciences, Smithsonian Institution, Washington, D.C. (May 29, 1976).

Whimster, Sam (ed.)

2004　　*The Essential Weber: A Reader*, London and New York: Routledge.

Zeitlin, Irving

1991　　"Max Weber's Sociology of Law," in (ed.) Peter Hamilton, *op. cit.*, pp. 330-323.

華文作品

洪鎌德

1998　　《從韋伯看馬克思：現代兩大思想家的對壘》，台北：揚智。
1999a　《人文思想與現代社會》，台北：揚智。
1999b　《當代政治經濟學》，台北：揚智。
2013　　《當代政治社會學》，台北：五南圖書出版公司，二版。
2016　　《黑格爾哲學新解》，台北：五南圖書出版公司。
2018　　《馬克思與時代批判》，台北：五南圖書出版公司。
2020a　〈韋伯國家觀的析評〉，《二十一世紀評論》，第179期，2020年6月，香港：中文大學，中國文化研究所，第4-19頁。

2020b 〈德國現代史（1880-1920）中韋伯政治觀之探索〉，《台灣國際研究季刊》，第16卷第4期，2020年／冬季號，第125-148頁。

姜新立（編著）

1997 《分析馬克思：馬克思主義理論典範的反思》，台北：五南圖書出版公司。

高承恕

1988 《理性化與資本主義——韋伯與韋伯之外》，台北：聯經出版事業公司。

謝宏仁

2015 《社會學囧很大：看大師韋伯如何誤導人類思維》，台北：五南圖書出版公司。

2019 《社會學囧很大2.0：看大師韋伯為何誤導人類思維》，台北：五南圖書出版公司。

2020 《社會學囧很大3.0：看大師韋伯因何誤導人類思維》，台北：五南圖書出版公司。

現代歐美的社會科學受韋伯啓示

眼神發光的韋伯

人名引得

事物引得

Max Weber's Conception of Politics, Law and the State

By Hung Lien-te, *Dr. rer. pol., Universität Wien*
Lifetime Chair Professor
National Yangming-Chiaotung University, Taiwan

Contents

國家圖書館出版品預行編目資料

韋伯法政思想的評析／洪鎌德著. ──初
版.──臺北市：五南圖書出版股份有限公
司, 2021.03
面； 公分
ISBN 978-986-522-469-1 (平裝)

1.韋伯(Weber, Max, 1864-1920)-學術思想與
哲學 2.政治思想 3.政治發展

570.943　　　　　　　　110001925

1PXC

韋伯法政思想的評析

作　　者 ─ 洪鎌德（162.4）

發 行 人 ─ 楊榮川

總 經 理 ─ 楊士清

總 編 輯 ─ 楊秀麗

副總編輯 ─ 劉靜芬

責任編輯 ─ 呂伊真

封面設計 ─ 王麗娟

出 版 者 ─ 五南圖書出版股份有限公司

地　　址：106台北市大安區和平東路二段339號4樓

電　　話：(02)2705-5066　　傳　　真：(02)2706-6100

網　　址：https://www.wunan.com.tw

電子郵件：wunan@wunan.com.tw

劃撥帳號：01068953

戶　　名：五南圖書出版股份有限公司

法律顧問　林勝安律師事務所　林勝安律師

出版日期　2021年3月初版一刷

定　　價　新臺幣320元

經典永恆・名著常在

五十週年的獻禮 —— 經典名著文庫

五南，五十年了，半個世紀，人生旅程的一大半，走過來了。

思索著，邁向百年的未來歷程，能為知識界、文化學術界作些什麼？

在速食文化的生態下，有什麼值得讓人雋永品味的？

歷代經典・當今名著，經過時間的洗禮，千錘百鍊，流傳至今，光芒耀人；

不僅使我們能領悟前人的智慧，同時也增深加廣我們思考的深度與視野。

我們決心投入巨資，有計畫的系統梳選，成立「經典名著文庫」，

希望收入古今中外思想性的、充滿睿智與獨見的經典、名著。

這是一項理想性的、永續性的巨大出版工程。

不在意讀者的眾寡，只考慮它的學術價值，力求完整展現先哲思想的軌跡；

為知識界開啟一片智慧之窗，營造一座百花綻放的世界文明公園，

任君遨遊、取菁吸蜜、嘉惠學子！